# Frankenalb
# Oberpfälzer Jura

Sebalder Wald, unteres Pegnitztal und Schnaittachtal
Altdorfer Land mit Schwarzachtal
Hersbrucker Schweiz, oberes Pegnitztal
Oberpfälzer Frankenalb
Sulzbacher Bergland, Oberpfälzer Jura

**Die Frankenalb** ist das Mittelstück eines Juragebirges, das sich vom Main bis an die Donau zieht. Östlich von Nürnberg ist ihm ein sanftwelliges waldreiches Hügelgebiet vorgelagert, ihm folgt eine steile Westkante und im Osten schließt sich *der Oberpfälzer Jura* an. Es ist eine mannigfaltige Mittelgebirgslandschaft, die zum Wandern wie geschaffen ist. Stille Täler mit verträumten Dörfern, bizarre Felsen, geheimnisvolle Höhlen, sagenumwobene Schluchten, Bäche mit klarem Wasser, aber auch zahlreiche Zeugen vergangener Kulturepochen, wie die Burgen, Wallfahrtskirchen und mittelalterliche Stadtkerne, geben diesem Landstrich einen besonderen Reiz. Hier ist die Welt noch in Ordnung, hier findet der Wanderer noch urtümliche Pfade durch romantische Wälder und Fluren mit aussichtsreichen Höhen, hier kann man noch träumen.
Die schönsten und interessantesten Wanderwege durch dieses gottbegnadete Land sowie die gemütlichsten Landgasthöfe finden Sie neben renommierten Komforthotels in diesem Buch.

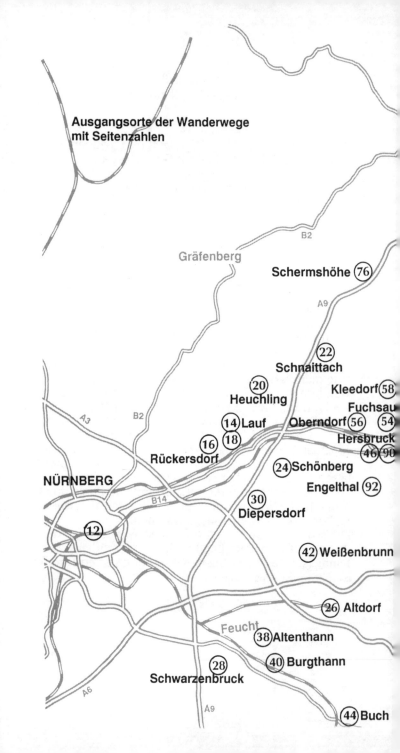

# Symbole und Zeichen

| | | | |
|---|---|---|---|
| ▨ | eindrucksvolle Landschaft | ◨ | Höhle/ Grotte |
| ⌒ | mittlere Steigungen | ▦ | teilweise schöne Aussicht |
| ⌃ | stärkere Steigungen | ▧ | großartige Rundblicke |
| | etwa zur Hälfte Wald | ▨ | lohnender Aussichtspunkt |
| | über die Hälfte Wald | ▣ | Burgen und Schlösser |
| ▦ | Weinberge | ▦ | sehenswerte Sakralbauten |
| ▧ | prägnanter Fluß | ▣ | historische Profanbauten |
| ▧ | romantischer Wasserfall | (!) | auf die Wegführung achten |
| ▬ | schöner See/ Teich | [ ] | nur örtliche Markierung |
| ▲ | markante Felsen | | |

## Abkürzungen

| | | | | | |
|---|---|---|---|---|---|
| abw | = | abwärts | Min | = | Minute(n) |
| Abzw | = | Abzweig(ung) | ND | = | Naturdenkmal |
| AP | = | Aussichtspunkt | NSG | = | Naturschutzgebiet |
| AT | = | Aussichtsturm | **P** | = | Parkplatz |
| aufw | = | aufwärts | re | = | rechts |
| bef | = | befestigt | Ri | = | Richtung |
| br | = | breit | Std | = | Stunde |
| Gab | = | Gabelung | Stdn | = | Stunden |
| ger | = | geradeaus | Str | = | Straße |
| gr | = | groß | üb | = | überqueren |
| kl | = | klein | Üb | = | Überquerung |
| li | = | links | Wbh | = | Wasserbehälter |
| LSG | = | Landschafts- schutzgebiet | Ww | = | Wegweiser |
| | | | Z | = | Wegzeichen |

## Markierungsabkürzungen

*MA* = *Markierungsanfang*
*MW* = *Markierungswechsel*
*OM* = *Ortsmarkierung oder ohne Markierung*

## Karte

*Fritsch* Wanderkarte 1:50 000
Landkreis Nürnberger Land

# Wandern und Einkehren

## Frankenalb

## Oberpfälzer Jura
u. a. Hersbrucker Schweiz, Sulzbacher Bergland

- Herrliche Wanderwege
- Gemütliche Gasthöfe
  Hotels und Pensionen
- Anfahrtsstrecken
- Parkmöglichkeiten

nach den Wanderungen von
Vagabundus
Wanderer zwischen Weg und Wirtschaft

herausgegeben von
**Georg Blitz und Emmerich Müller**

Ein Wanderführer im
Drei Brunnen Verlag Stuttgart

Einbandgestaltung: Jürgen Reichert
Titelfoto: Burg Hohenstein
Wanderwege: **Albert Geng**
Aufnahmen im Buch mit freundlicher Genehmigung:

> Eckstein Hans
> Fremdenverkehrsverein Vorra
> Gabriel Jutta
> Gemeinde Schwarzenbruck
> Markt Königstein
> Markt Schnaittach
> Pflaum Fritz
> Pick Georg
> Photo-Bruckner, Auerbach
> Städt. Verkehrsamt Hersbruck
> Stadt Auerbach
> Stadt Lauf a. Pegnitz
> Stadt Sulzbach-Rosenberg
> Verkehrsamt Frankenalb
> Verkehrsverein Velden

---

Die Deutsche Bibliothek − CIP-Einheitsaufnahme

**Frankenalb − Oberpfälzer Jura :** u. a. Hersbrucker Schweiz, Sulzbacher Bergland; nach den Wanderungen von Vagabundus; ein Wanderführer / hrsg. von Georg Blitz u. Emmerich Müller. − Stuttgart: Drei-Brunnen-Verl., 1991
  (Wandern und Einkehren; 13)
  ISBN 3-7956-0211-4
NE: Blitz, Georg [Hrsg.]; GT

---

ISBN 3-7956-0211-4

1. Auflage 1991

Alle Rechte dieser Ausgabe vorbehalten
© 1991 by Drei Brunnen Verlag Stuttgart, Friedhofstraße 11
Gesamtherstellung: Göhring Druck GmbH,
  Ackerwiesenstraße 30, 7050 Waiblingen

# Inhalt

Übersichtskarte der Wanderwege ........................ 2
Symbole – Zeichen – Abkürzungen – Karten ............ 4
Wichtige Hinweise ..................................... 10

**Sebalder Wald, unteres Pegnitz- und Schnaittachtal**
- Durch den historischen Altstadtkern der Frankenmetropole Nürnberg ................................... 12
- Durch den historischen Laufer Stadtkern .............. 14
- Rückersdorf – Behringersdorf – Schwaig – Erlenstegen – Behringersdorf – Rückersdorf ...................... 16
- Lauf – Nuschelberg – Günthersbühl – Oedenberg – Ludwigshöhe – Lauf ................................. 18
- Heuchling – Dehnberg – Schnaittach – Rothenberg – Kersbach – Neunkirchen a. S. – Heuchling ............ 20
- Schnaittach – Enzenreuth – Schloßberg – Osternohe – Poppenhof – Hedersdorf – Schnaittach ................ 22
- Schönberg – Moritzberg – Haimendorf – Schönberg ... 24

**Altdorfer Land mit Schwarzachtal**
- Stadtrundgang durch die ehemalige Universitätsstadt Altdorf ............................................. 26
- Schwarzenbruck – Brückkanal – Schwarzenbruck ...... 28
- Diepersdorf – Leinburg – Weißenbrunn – Röthenbach – Ungelstetten – Diepersdorf ............. 30
- Impressionen vom Sebalder Wald, vom unteren Pegnitz- und vom Schnaittachtal ............................. 32
- Impressionen vom Altdorfer Land mit Schwarzachtal .. 37
- Altenthann – Grünsberg – Teufelskirche – Altdorf – Prethalmühle – Prackenfels – Wallerberg – Altenthann 38
- Burgthann – Schwarzenbach – Dörlbach – Rasch – Burgthann ......................................... 40
- Weißenbrunn – Steinerne Rinne – Entenberg – Heidenloch – Weißenbrunn ......................... 42
- Buch – Dillberg – Heinzburg – Hausheim – Dillberg – Sender – Buch ..................................... 44

**Hersbrucker Schweiz, oberes Pegnitztal**
- Durch die malerische Hersbrucker Altstadt ............ 46
- Impressionen von der Hersbrucker Schweiz und vom oberen Pegnitztal ................................... 48
- Fuchsau – Glatzenstein – Gr. Hansgörgl – Fuchsau ... 54
- Oberndorf – Kersbach – Glatzenstein – Oberndorf .... 56
- Kleedorf – Siglitzberg – Hohenstein – Kirchensittenbach – Aspertshofen – Kleedorf ......... 58

- Alfalter — Am Alten Schloß — Düsselbach — Vorra
  — Geißkirche — Alfalter .................................. 60
- Vorra — Birg — Hohlleite — Langer Stein — Siglitzberg
  — Enzendorf — Artelshofen — Vorra ..................... 62
- Vorra — Falkenberg — Großmeinfeld — Vorra ........... 64
- Velden — Geißlochhöhle — Münzinghof
  — Rupprechtstegen — Lungsdorf — Velden ............... 66
- Velden — Petershöhle — Hainkirche — Fechtershöhle
  — Grünreuth — Hartenstein — Velden .................... 68
- Neuhaus — Mysteriengrotte — Schlieraukapelle
  — Maximiliansgrotte — Krottensee — Neuhaus .......... 70
- Mosenberg — Vogelherdgrotte — Krottensee — Neuhaus
  — Hammerschrott — Mosenberg .......................... 72
- Bernheck — Wirrenloch — Dreifaltigkeitskreuz
  — Reitersteighöhle — Bernheck .......................... 74
- Schermshöhe — Riegelstein — Eibenthal — Reuthof
  — Eibenthal — Eibgrat — Schermshöhe ................... 76
- Hubmersberg — Windburg — Ruine Lichtenstein
  — Kreuzberg — Hubmersberg ............................. 78
- Happurg — Hohler Fels — Reckenberg — Pommelsbrunn
  — Arzlohe — Schwandgraben — Happurg ................. 80
- Kainsbach — Mosenhof — Hinterhaslach — Obersee
  — Jungfernsprung — Kainsbach .......................... 82
- Hersbruck — Reschenberg — Edelweißhütte
  — Arzbergturm — Obersee — Hersbruck .................. 90
- Engelthal — Kröhnhof — Peuerling — Hallershof
  — Prosberg — Kruppach — Engelthal ..................... 92
- Waller — Wettersberg — Pollanden — Alfeld
  — Wörleinshof — Waller ................................ 94
- Alfeld — Windloch — Poppberg — Alfeld ............... 96
- Thalheim — Düsselwöhr — Geißkammerschlucht
  — Aussichtskanzel — Heubelfelsen — See — Thalheim ..... 98

**Oberpfälzer Frankenalb**
- Impressionen von der Oberpfälzer Frankenalb ........ 105
- Michelfeld — Felsenländl — Reichenbach — Pinzigberg
  — Ohrendorf — Steinamwasser — Staubershammer
  — Hämmerl-Mühle — Michelfeld ........................ 106
- Sackdilling — Rabenfels — Steinerne Stadt
  — Beide Brüder — Excursionspfad nach Sackdilling ...... 108
- Königstein — Steinberg — Kühloch — Pruihausen
  — Breitenstein — Königstein ........................... 110
- Eschenfelden — Schwarzes Kreuz
  — Binsenloch — Hohe Zantberg — Luke — Eschenfelden . 112
- Edelsfeld — Bernricht — Oberreinbach
  — Schnellersdorf — Edelsfeld .......................... 114

- Hirschbach – Schlangenfichte – Windloch – Fischbrunn
  – Prellstein – Hirschbach .......................... 116
- Neutras – Hegendorf – Hauseck – Neutras .......... 118
- Lehenhammer – Etzelwang – Rupprechtstein
  – Lehendorf – Lehenhammer ....................... 120

**Sulzbacher Bergland, Oberpfälzer Jura**
- Impressionen vom Sulzbacher Bergland ............. 123
- Durch die alte Herzogstadt Sulzbach-Rosenberg ...... 124
- Neukirchen – Peilstein – Osterhöhle – Lockenricht
  – Röckenricht – Hartenfels – Neukirchen ............ 126
- Pesensricht – Illschwang – Gehrsricht – Schöpfendorf
  – Osterloch – Pesensricht ......................... 128
- Hartmannshof – Weigendorf – Hellberg – Högen
  – Lichtenegg – Guntersrieth – Hartmannshof ......... 130
- Haunritz – Hellberg – Unterhögen – Lichtenegg
  – Ammerried – Lichtenegg – Haunritz ............... 132
- Schwend – Wirtshänge – Kühfeste – Buchenberg
  – Hirschricht – Schwend .......................... 134
- Eckeltshof – Kirchtal – Troßalter – Bärnfels – Haslach
  – Wolfertsfeld – Eckeltshof ....................... 136
- Lauterhofen – St. Lampert – Pfaffenhofen – Kastl
  – Mennersberg – Pattenshofen – Schlögelmühle
  – Lauterhofen .................................... 138
- Hausen – Heinzhof – Bittenbrunn – Erlheim – Zant
  – Altmannshof – Hausen ........................... 140
- Ammerthal – Pürschläg – Hermannsberg
  – Ammerthal ..................................... 142

Ortsregister .......................................... 144
Übersichtskarte der Einkehrorte .................... 148/149
Ortsregister Gasthöfe ............................. 150/151

# Wichtige Hinweise zur optimalen Nutzung des Buches

Lieber Wanderfreund,

damit Sie den größtmöglichen Gewinn aus dem Gebrauch dieses Wander- und Gastronomieführers ziehen können, sollten Sie die folgenden Vorbemerkungen beachten:

**Weg und Zeit** Bei diesen Angaben ist im Grunde die *Kilometerangabe* entscheidend. Die *Zeitangabe* bedeutet *reine Gehzeit* bei einer *durchschnittlichen Wegstrecke von 4 km pro Stunde,* und zwar ohne Pausen zum Verschnaufen, zur Orientierung, zum Genießen von Landschaft und Natur, zu Besichtigungen und selbstverständlich auch ohne Einkehr. Bei *starken Steigungen* verringert sich die Durchschnittsleistung etwas, weil man trotz größerer Schnelligkeit beim Abstieg die Aufstiegsverzögerung kaum mehr ganz wettmacht.

**Wegzustand** Die Wanderwege sind allgemein in einem guten bis sehr guten Zustand. Hier gibt es allerdings Einschränkungen: Die Wege können vom Dauerregen aufgeweicht, von Wasserrinnen überspült, von Holzabfuhren zerfahren, von Pferdehufen zerstampft, frisch mit Steinen aufgefüllt oder von Neutrassierungen zerstört sein.

**Wegmarkierungen** Die Markierungen durch den verdienstvollen *Fränkischen Albverein* oder durch örtliche Institutionen sind schlechthin vorbildlich.

**Markierungsangaben** Die Angaben im Text und am Seitenrand gelten jeweils bis zu einer neuen Angabe. Allerdings finden sich bei den Wegbeschreibungen zur besonderen Hervorhebung verschiedentlich auch Wiederholungen der Routenzeichen im Textteil.

**Wegeskizzen** Sie dienen dazu, Ihnen eine *Übersicht* zu vermitteln, damit Sie keine groben Fehler machen. Beachten Sie bitte zur Ausrichtung der Skizze den *Nordpfeil*!

**Wegkombinationen** Durch die zahlreichen ● **Unterteilungen** oder durch die Benutzung eines anderen P gibt es genügend Kombinations-, Variations-, Abkürzungs- oder Verlängerungsmöglichkeiten.

**Rundwege** Eine Wanderung kann selbstverständlich bei *jedem Gasthof* des Rundwegs aufgenommen und beendet werden.

**Parken** Wer sein Fahrzeug auf einem *Gästeparkplatz* abstellt, sollte so fair sein, in diesem Gasthof auch wirklich einzukehren!

**Gasthöfe, Hotels, Pensionen** Durch eine glückliche Hand bei der Auswahl, verbunden mit einem großen Engagement der Gastronomen, ist es gelungen, für den Wanderer hervorragend geeignete Betriebe aufzunehmen. Die meisten eignen sich außerdem als Ausgangspunkt für hübsche Spaziergänge.
Selbstverständlich kann es durch Besitzer- oder Pächterwechsel nach Drucklegung immer wieder einmal zu Veränderungen hinsichtlich von Angebot und Qualität kommen.
**Übrigens** ist jeder der beschriebenen Wege erwandert. Seien Sie ebenfalls gut zu Fuß, und haben Sie dabei mindestens so viel Spaß wie

Ihr *Vagabundus per pedes*

*»Das heißt leben,
die Seele laben in Wald und Flur,
den Körper wandernd stärken,
dem Herzen Gutes tun in freier Luft.
Das Hochgefühl vertiefen,
voll frohen Sinns und Heiterkeit,
bei guter Speis und edlem Trank
im Schoß eines gastlichen Hauses.
So zu leben,
heißt lang zu leben.«*
                                    *Vagabundus*

# Stadtrundgang Nürnberg

**Weg und Zeit** — knapp 5 km — ca. 2 Stdn.
**Parken** — Bei *Norishalle, Parkhaus Katharinengasse* oder Tiefgarage *Insel Schütt*.
**Charakteristik** — Obwohl der alte Kaisersitz und *Freie Reichsstadt Nürnberg* im Krieg schwer zerstört wurde, hat sie heute wieder eine sehenswerte Altstadt mit zahlreichen Zeugnissen ihre knapp 1000jährigen Geschichte. Neben den reich ausgestatteten Kirchen und dem Burgkomplex stehen auch Türme aus drei Befestigungsringen.
● **Der Rundgang** — Hinter *Norishalle* über *Agnesbrücke*, re *Tratzenzwinger* (1), *Insel-Schütt* li zum *Schuldturm* (2), ger in *Spitalhof* (3). Treppen hoch, re in *Kreuzigungshof*, schöne Holzgalerien, Kreuzigungsgruppe und Tischgrab des Stifters *Konrad Groß*. Li durch Türe, kl Hof mit *Hanselbrunnen*, Schalmeienbläser in Spitaltracht um 1400. Durch Tor zur Str, etwas re *Hans Sachs*, Dichter und bedeutendster *Meistersinger*. Li herum zur *Museumsbrücke*, schöner Blick: li *Heiliggeist-Spital*, re 1596—99 err. *Fleischbrücke* mit Stein-Ochsen. Am Hauseck, über Apotheke, *Reichsschultheiß Konrad Groß*. Am *Narrenschiff* vorbei, *Plombenstr* zur *Frauenkirche* (4), *Michaelschörlein* mit *Männleinlaufen* (16. Jh.). Täglich 12 Uhr huldigen die Kurfürsten *Kaiser Karl IV.*, der auch dies Gotteshaus bauen ließ. Li zum *Schönen Brunnen* (5), die 19 m hohe Pyramide mit 40 Figuren ist 1385—1396 entstanden. Im Gitter *Goldener Ring* ohne Naht, wer dreht, kommt wieder. Haus gegenüber: mittelalterl. *Nürnberger Kaufmannszug*. Im Rathaushof steht *Gänsemännchen-Brunnen* (6), Original von *Pankraz Labenwolf* (1550) steht im *Germanischen Museum*. Aufw, re *Rathaus* (7), nach italienischem Muster von *Jakob Wolf d. J.* entworfen (1616—22). Prächtige Portale, gotische Ostfassade, im Keller mittelalterliche Zellen und Folterkammer, im 1. Stock prunkvoller Saal.
Li kunstvolles Grabmahl am Chor der *Sebalduskirche* (8), an Längsseite *Braut-* und *Marienportal*. Am Pfarrhaus schönes *Chörlein*. Weiter oben steht *Albrecht Dürer* (9) in Erz. Zurück und *Burgstr* aufw, *Fembohaus* (10), (Stadtmuseum), mit ehem. *Patrizierhaus*. Aufw zur *Kaiserstallung* (11), ehem. Kornhaus, mit *Luginsland*. Über Burgmauer — neben *Fünfeckigem Turm* (12) — war *Raubritter Eppelein* mit kühnem Sprung entkommen (Hufabdruck). An *Burgamtswohnung* li aufw zum *Ölberg* mit Blick auf ganze Altstadt. *Neben Sinwellturm* (13) in Burghof, *Brunnenhaus*, 50 m tiefer Brunnen, danach die *Kaiserburg* (14) mit romanischer Kapelle und *Oratorium* im *Heidenturm*, *Palas* und *Frauen-*

*haus.*
Zurück und hinter *Burgamtswohnung* li durch *Burggarten* zum *Tiergärtner Tor*. Am *Dürerhaus* (15), *Albrecht-Dürer*-Str abw zum *Weinmarkt* und re in *Weißgerbergasse*. Vor *Kettensteg* li, *Pegnitz* entlang zum *Weinstadel* (16), mit *Henkersteg*. Re über *Maxbrücke* zum *Unschlittplatz* (17), *Unschlitthaus* (Kornhaus) und *Dudelsackpfeifferbrunnen*. *Hutergasse* aufw bis *Knöpflesbrunnen*, re über *Ludwigsplatz* zum *Ehekarussel* am *Weißen Turm* (18). Dahinter *St. Elisabeth*- (19) und *Jakobskirche* (20) (einst *Deutschorden*). *Karolinenstr* zurück bis *Hefnerplatz* (21) (*Peter-Henlein-Brunnen*), *Färberstr* li, *Adlerstr* re, *Köngistr* re, *Nassauerhaus* (22), *Tugendbrunnen*, dann *Lorenzkirche* (23) mit kunstvollem Portal, innen *Engelischer Gruß* von *Veit Stoß* und *Sakramentshäuschen* von *Adam Kraft*. *Königstr* ger, *Mauthalle* (24) ehem. reichstädtisches Zollhaus mit Wappenrelief von *Adam Kraft*, dahinter *Zeughaus*. Ger *Klarakirche* (25), dann *Königstorturm* (26) einer von vier 40 m hohen Rundtürmen am 20 m breiten Stadtgraben. Unter *Königstr* durch und gegenüber mit *Königtormauer* an Versteckter *St. Martha Kirche* (27) (Versammlungsort der Meistersinger) vorbei zum *Baumeisterhaus* im Bauhof.

Der Mauer weiter folgend, über die *Lorenzer Str* zurück zur *Norishalle*.

# Durch den historischen Laufer Stadtkern

**Gehzeit** – knapp 2 Stdn.
**Anfahrt** – B 14 oder A 6, Ausfahrt *Lauf/Süd*.
**Parken** – *Pegnitzwiesen* P an der *Weigmannstraße*.
● **Der Rundgang** – Vom P mit *Ww (Fußweg zum Marktplatz) Altdorfer Str* kreuzen, re, dann li, *Siebenkeesstr 7* **(1)** und *Hermannstr 4* **(2)**, schöne alte Hopfenbauernhäuser. Ger, li kl Häuser, 18. Jh., weiter re **(3)** *Barthvilla*, dann *Pegnitztherme*. Schöner Blick vom Parkdeck zum *Industriemuseum* mit mehreren Wasserrädern. Auf *Samstagstr* ger zum *Hämmernplatz*, ehem. Arbeitersiedlung und vor Altenheim re abw zum Fluß. Über Steg, *Sichartstr* re, an Fabrik entlang, dann schön sanierte Fachwerkhäuser **(4)** und *Industriemuseum* **(5)**. Am *Zeltnerplatz* vorbei, wo *Rußigen* aus *Hammerschmiede* wohnten, *Glockengießerstr* aufw. Dann re über Stadtgraben zum *Nürnberger Tor* **(6)** mit *Laufer Wappen* unter den *Nürnberger Wappen*. Durchs Tor und re zur *Kirche* **(7)**, seit 1553 *ev. Stadtkirche*. Renaissance-Turm, gotischer Chor und barocke Langhausdecke. Acht austauschbare Altargemälde, auf Decke Wappenkreis Nürnberger Landpfleger um die beiden Nürnberger Wappen und den Doppelkopfadler. Chorfenster mit vier Evangelisten. An unterer Empore Petrus und Johannes, oben König David mit Harfe. Jetzt zum *Marktplatz*, Rathaus **(8)**, inmitten sich verbreiternder und wieder verengter Str, Häuser mit Giebel zur Str, bis auf drei im vorigen Jh. abgebrannte. Teilweise schöne Innenhöfe mit Holzgalerien. Ger, *Hersbrucker Tor* **(9)**, außen *Laufer Wappen* und Jahreszahl 1450. Zurück zum *Rathaus*. Li in *Lukasgasse* und zur *Ruine der Leonhardskirche* mit *Glockengießerspital* **(10)**, Stiftung von *Ehepaar Keßler, Glockengießer* aus *Nürnberg*. Daneben das Stadtarchiv mit heimatkundlichen Sammlungen. *Spitalstr* abw, *Johannisstr* kreuzen, zur Einkehr im *Gasthaus Mauermühle* **(11)**, schon 1629 erwähnt. Gegenüber dreht sich eines der zwei Wasserräder der *Reichelschen Schleifmühle* und dahinter steht der 1430 in die Stadtbefestigung eingefügte *Judenturm* **(12)**. Besonders schön ist auch die *Höll* **(13)**, wie der Häuserblock zwischen der *Johanniskirche* und der *Pegnitz* genannt wird. Über die *Pegnitzbrücke* und li zum *Wenzelschloß* **(14)**, das unter *Karl IV.* auf einer *Pegnitzinsel* errichtet wurde. Ein spätmittelalterlicher *Wehrbau* zwischen *Romanik* und *Gotik*. Einmalig in *Deutschland*: der *Wappensaal* mit in die Wand gehauenen Wappen sämtlicher dem *Kaiser* verpflichteten adeligen und geistlichen Herren. Um den Stadel zurück zum P.
● **Die Geschichte** – *Pegnitzinsel* und starkes Flußgefälle

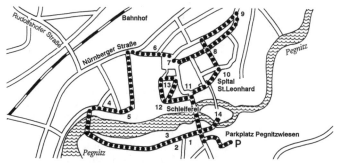

begünstigten die Entstehung einer Siedlung, die im 13. Jh. durch ihre Lage an der Achse *Nürnberg – Prag* an Bedeutung zunahm. Bereits 1298 erhielt *Lauf* das Marktrecht, und 1355 wurde es von *Karl IV.* zur Stadt erhoben. Zwischenzeitlich gehörte die Stadt wieder den *Wittelsbachern*. Im *Bayer. Erfolgskrieg* (1504) eroberten sie die *Nürnberger*, und sie wurde für 300 Jahre Territorium der *Freien Reichsstadt Nürnberg*. 1806 kam *Lauf* – wie das gesamte fränkische Gebiet – an *Bayern*. Seit 1972 ist *Lauf* Sitz des Landratsamtes *Nürnberger Land*. Der Ortsname »*Loufe*« kommt von *Schneller Wasserlauf*.

Inhaber: Reinhold Rögner · 8560 Lauf · Johannisstr. 16 · Tel. (0 91 23) 5 55 2
Tägl. geöffnet: 11.30 bis 23 Uhr
Durchgehend warme Küche bis 22.30 Uhr

# LAUF a. d. PEGNITZ

Kreisstadt östlich von Nürnberg im unteren Pegnitztal. Sehenswerte Altstadt mit historischem Marktplatz und altem Rathaus; Kaiserburg mit Wappensaal; Glockengießerspital mit romantischem Innenhof u. Kirchenruine; zwei Stadttore sowie Stadtmauerreste mit Eckbastion (Judenturm); Museum an der Pegnitz mit Hammerwerk und Mühle; Stadtmuseum. Vielfältiges Freizeitangebot; markierte Wanderwege; Radwanderwegenetz durch die Frankenalb.

INFO: Stadtverwaltung Lauf, Urlasstraße 22
      8560 Lauf a. d. Pegnitz
      Tel. (0 91 23) 18 41 13 oder 18 40

## Rückersdorf – Behringersdorf – Schwaig – Erlenstegen – Behringerdorf – Rückersdorf

🗺 📋 🅺 🆂

**Weg und Zeit** – 17 km – gut 4 Stdn.
**Anfahrt** – Über B 14 oder A 3, Ausfahrt *Behringersdorf*.
**Parken** – Gäste P *Hotel Wilder Mann* oder an *Kirche*.
**Charakteristik** –Talwanderung zu Herrensitzen und Industriedenkmälern im Flußgebiet nahe der Großstadt.
● **Rückersdorf** – Aus Forsthube entstanden, war beliebte Fuhrmannseinkehr an der Straße nach Prag. 16. Jh. Herrensitz der *Familie von Tucher*. Ab 17. Jh. Posthalterei.

● **Rückersdorf – Behringersdorf – Malmsbach** – gut
OM  1 Std – *Ohne Zeichen Kirchgasse* abw, vor *Bürgersaal* re am *Stallsöldengütl* vorbei zur *Hauptstr*, hinter Friedhof li,
MA  *Mühlweg*. Mit *Gelbstrich* re durch Felder und Wiesen nahe der *Pegnitz*. Später am Waldrand, bei Gab li, (re Marterl). Mit 2. Fahrweg 6om in Wald, dann li hinaus. An Waldspitze re zur Flußschleife, auf Pfad re davon weiter. Am Waldende zum Wohngebiet, bei doppelstämmiger Eiche li, *Heckengasse* aufw, *Am Weinberg, Schwaiger Str* abw und re um *Kirche, Tucherschloß* und *Gutshof*. Draußen hinter Mauer li, vor Ortsschild re in Wiese, neben Fluß zum Steg, li hinüber nach *Malmsbach*. 1323 *Wasserschloß von Hohenlohe-Braunneck* an *Nürnberger Burggrafen*. 1449 im *Markgrafenkrieg* zerstört.

● **Malmsbach – Hammer – Erlenstegen** – 1 Std – *Gelbstrich* ger, re in *Bienengartenstr* und *Hammerweg* hinaus. Durch BAB, Gab li durch Gärten und Wald, dann mit Str nach *Hammer*. 1945 zerstörte, teilweise wieder errichtete Industriesiedlung aus vorigem Jh. Durch ein Tor wird das schöne Häuserensemble verlassen. Draußen re zum Fluß, br Weg, bald durch zwei Sandsteinpfeiler in ehem. Schloßpark und li durch Torhaus in den Hof des 1618 err., 1943 zerstörten *Wasserschlosses Oberbürg*. Nach dem Tor mit
MW  den Rundtürmen re, *Blaupunkt*-Pfad am Wald entlang
MW  zum mit *Gelbstrich* markierten br Weg und bald re, über die *Pegnitz* aufw zur B 14. Li Kreuzigungsgruppe, Grenze zu *Böhmen* bei *Karl IV*. Abw durch Bahnunterführung und beim Zebrastreifen über die Str.

● **Erlenstegen – Behringersdorf – Rückersdorf** – 2 Stdn –
MW  Mit *Blaustrich Kohlbuckweg* aufw, 1000 m asphaltiert. Nach Gartenkolonie li zum Wald, Gab re hinein. *Rote Zeichen* kommen hinzu und mit allen aufw über stillgelegte Bahnstrecke. Nach Brücke li, dann mit *Blaustrich* re über zerstampfte Wegkreuzung neben Reitweg aufw, re, dann li in gewohnter Ri. Später Pfad in Senke, dann *Forststr* li,

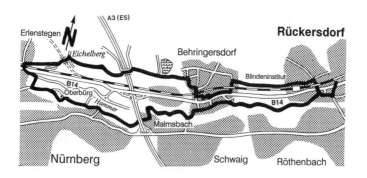

über BAB und drüben re bzw ger durch Waldspitze, dann Teerweg ger. Im Wald kreuzt *Grünkreuz*, ger vorbei an Weiher nach *Behringersdorf*. Ger, dann re *Breitenlohe, ohne Zeichen Günthersbühler Str* re, durch Bahn li, beim Bhf. re, Post li, dann re, *Hauptstr* li. Vor Ortstafel li, Pfad zwischen Str und Bahn, li durch Tunnel. Im Wohngebiet re, im Wald re zu Gärten. Parallel mit Bahn in östl. Ri, durch Wald bis *Rückersdorf*. Re durch Unterführung mit Hauptstr li zur Einkehr im *Hotel Wilder Mann*.

OM

## HOTEL WILDER MANN RÜCKERSDORF SEIT 1599

Familien Toni Stoidner – Christa u. Werner Beichler

Das Haus mit der Tradition vor den Toren Nürnbergs, an der B 14, Autobahn Nürnberg-Berlin, Ausfahrt Lauf-Süd. 51 Zimmer – 83 Betten mit WC, Bad oder Dusche, Amtstelefon, TV. Lift, eigene Garagen, kostenlose Parkplätze direkt am Haus. Restaurant, Fränkische Stube, Konferenzräume, Terrasse, keine Ruhetage. Durchgehend warme Küche.
Ausflüge in die nahegelegene Fränkische Schweiz, markierte Wanderwege im ausgedehnten Reichswald und im Pegnitztal.
**8501 Rückersdorf, Hauptstr. 37, Tel. (09 11) 57 01 11, Fax. 57 01 16**

 **8501 Rückersdorf** Frankenalb, Kreis Nürnberger Land mit Ludwigshöhe

Schön gelegenes fränkisches Dorf im Pegnitztal an der Ausfahrt von Nürnberg zur Hersbrucker und zur Fränkischen Schweiz.
BAB Frankfurt – Nürnberg – Regensburg, Berlin – München. Lauf (4km). Bahnstation und Haltestelle der Bahnbuslinie Nürnberg – Bayreuth – Hof. Beliebter Ausflugsort mit Ludwigshöhe (409 m) und sehenswerten Fachwerkhäusern. Gut geführte Gaststätten und Hotels mit insgesamt 130 Betten. Markierte Wanderwege führen in den angrenzenden Reichswald, der Pegnitz entlang, ins mittelalterliche Lauf, zum Moritzberg usw. - ein Paradies für Wanderfreunde.
**Sehenswürdigkeiten:** Sehenswerte alte Fachwerkhäuser.
Kirche Mitte des 15. Jahrhunderts.

**i: Gemeindeamt. Telefon: (09 11) 5 70 54-0**

## Lauf — Nuschelberg — Günthersbühl — Oedenberg — Ludwigshöhe — Lauf

**Weg und Zeit** — knapp 18 km — 4½ Stdn.
**Anfahrt** — *B 14*, in *Lauf* Abzw *Eschenau*. Oder *A 9*, Ausf. *Lauf/Röthenbach* und in *Lauf* Ri *Eschenau*.
**Parken** — *Eschenauer Str* vor *Freibad* oder *Bitterbachhalle*.
**Charakteristik** — Beim Durchbruch durch den *Rhätsandstein* hat der *Bitterbach* bei *Lauf* ein besonderes Naturdenkmal geschaffen. Der Besuch der *Bitterbachschlucht* wird hier mit einer geruhsamen Waldwanderung vor den Toren *Nürnbergs* verbunden.
- **Nuschelberg, Günthersbühl und Oedenberg** — Ehem. Herrensitze im *Sebalder Wald*, aus Forsthuben entstanden.
- **Ludwigshöhe** — Zuerst Gasthaus im Schweizer Stil, nach Brand 1881 in Sandstein err. Bayer. Königsnamen.
- **Lauf** — Kreisstadt, mittelalterl. Ortskern, s. S. 14
- **Lauf — Nuschelberg — Günthersbühl — Oedenberg** —

MA  2 Stdn — In *Eschenauer Str* mit *Rotkreuz* Ri *Bitterbachhalle*, am *Bitterbach* weiter. Durch Wald bald abw zur *Bitterbachschlucht LSG* und neben dem Bach weiter. Bachschleife ausweichen, am Wbh Fahrweg kreuzen, Wiesenweg ger zum Wald. Nochmal zum Bach, dann li drüber und die vielbefahrene Str kreuzen. Dann halbre aufw durch Wald bis
MW  kurz vor *Nuschelberg*. Hier mit *Gelbpunkt* li, durch Wald abw über Wiese mit Teich und durch Wald aufw nach *Gün-*
MW  *thersbühl*. Durch den Ort, 100 m vor Ende mit *Blaukreuz* re auf Feldweg. Am Wald Gab, re abw durch Wald an Talwiese über Bach (re Wbh) und aufw nach *Oedenberg*. Re in die *Schloßgasse* zur Einkehr im *Gasthaus »zum Schloß«*, dem ehem. Sitz der *Herren von Oedenberg*.
- **Oedenberg — Ludwigshöhe — Lauf** — 2½ Stdn — Mit *Blaukreuz Hauptstr* re, an *Feuerwehrhaus* li und an Ortstafel re, bald schöner Waldweg, bei Gab li abw und nach 250 m mit
MW  *Gelbkreuz* auf ebenem Fahrweg li. Nach 100 m Gab ger, Pfad durch Senke, dann br sanftwelliger Weg. Geteerten *Mühlweg* kreuzen und ger zu *Reviergrenzsteinen (Bären-*
MW  *marter)*. Jetzt *Gelbstrich* li, *Ww Ludwigshöhe* bis zur Kreuzung *Rote Marter*. Hier re, nach 200 m li aufw, später re herum. Str kreuzen (P *Zellerbrunnen*). Ger und 100 m nach Spielplatz leicht li. Nach Querweg ger weiter, grasiger Weg, später mit Fahrweg 50 m li, dann re durch Auwald und aufw, Forststr kreuzen (*Blaukreuz*), Pfad aufw, re *Vorderer Schnakenbrunnen*. Fahrweg 100 m aufw, dann re weiter, nach 60 m Pfad li zum *Hinteren Schnakenbrunnen*. Zu-

rück und in gewohnter Ri weiter, kurz Aussicht, dann mit *Blaupunkt* re über *AP* und abw, an Tümpeln vorbei. Unten *MW* auch *Blau-* und *Grünkreuz*, mit allen *Zeichen* bald aufw, oben auch *Blaustrich*, 300 m li. *Ww, Blaustrich* ger zur Rast *MW* im *Waldhotel Ludwigshöhe*.

● Ludwigshöhe — Lauf — $\frac{1}{2}$ Std — *Blaustrich* (auch *Rotpunkt*) führt unterhalb der Str durch Wald, später kurz li abw, dann nur *Blaustrich* re durch dichten Wald zur Str. 10 m mit Str abw, in Kurve li, *Kotzenhofer Weg*, Wiesenweg abw, re durch Gärten, *Schützenstr* re abw. Vor Viadukt li, bald ohne Zeichen mit *Bitterbach* und Weiher zum P. *OM*

## Gasthaus zum Schloß

Fam. Fensel, Schloßweg 1,
8560 Lauf-Oedenberg
Tel. (0 91 23) 67 66

Bekannt gute Küche. Zum Kaffee täglich frisches Hausgebäck. Metzgerei mit fränkischen Wurst- und Dosenspezialitäten.

Schöner Naturgarten. Ziel und Ausgangspunkt für viele Wanderwege am Rande des Sebalder Waldes.

Montag u. Dienstag Ruhetag

*Waldhotel* **Ludwigshöhe** *Bergrestaurant*

*Ab sofort ist unsere
schöne Kaffee-Terrasse
wieder geöffnet*
**Schattiger Biergarten
Hausmacher Gebäck
Hausschlachtung
Spezialitäten vom Grill**
*Modern ausgestattete
Fremdenzimmer*

8501 Rückersdorf b. Nürnberg · Ludwigshöhe 1 · Telefon 0 91 23/23 07

## Heuchling — Dehnberg — Schnaittach — Rothenberg — Kersbach — Neunkirchen — Heuchling

🏰 📷 ✳ ⌂

**Weg und Zeit** — 20 km — 5 Stdn.
**Anfahrt** — B 14 oder A 6, Ausfahrt *Lauf-Hersbruck*.
**Parken** — Am *Gasthaus »zur Linde«* o. beim nahen *Rathaus*.
**Charakteristik** — Der anfänglichen Steigung folgt eine ausgedehnte Waldwanderung, dann Aufstieg zur *Festung* auf dem *Rothenberg*. Für die Führung durch dieses Bauwerk sollte eine Stunde eingeplant werden. Besonders bei guter Sicht zu empfehlen. Abstieg erfolgt am alten *Festungsfriedhof* vorbei, dann viel freie Flur.

● **Lauf/Heuchling — Dehnberg — Schnaittach** — 2 Stdn —
Beim *Gasthaus »zur Linde«* in den *Blütenweg, Neunkirchner*
MA *Str* li, *Dehnberger Str* 500 m ger zum Wald. *Rotpunkt*, auch mit Pfeil, Waldfahrweg 600 m, nach Rechtskurve li mit Waldpfad aufw. Oben mit schönem Panoramablick zum
MW Dorf. Mit *Rotem Schrägkreuz* re durch *Dehnberg* und *Höflas*, dann *Buchhügelstr* li abw. Unten re, dann zwischen Wald und Weiher, Gab re und nächste Gab li, an Kreuzung ger, *Ww (Wolfshöhe)* an Weiher vorbei über Bach, kurz aufw und re eben mit Fahrweg 700 m. Blick *Festung Rothenberg*. Jetzt re ab. *Ww (Wolfhöhe)*, nach 200 m Weiher, über Brücke, sofort li an Weiheranlage entlang, dann im Wald weiter, li Bach. Pfad aufw, bald re mit br Weg, mehrere Wege kreuzend. Gab vor BAB-Brücke, li Fahrweg abw zu Weiher, dann aufw. An Kreuzung (auch *Rotpunkt*) re durch BAB und im Wohngebiet abw, über *Badstr* ger zur
OM *Nürnberger Str*. Hier li und in Linkskurve re, *ohne Z*, bald Stufen abw, *Museumgasse* (li *Heimatmuseum*) abw in *Fröschau* und li zur verdienten Rast im *Gasthof Kampfer*.

● **Schnaittach — Rothenberg — Kersbach — Neunkirchen**
MA **a. S.** — 2 Stdn — Mit *Rotem Andreaskreuz* auf Fußweg neben *Gasthof Kampfer* über Bach, Str und Bahn. Dann die *Bergstr* aufw, nach 70 m li, mit Fußweg durch Obstbäume stetig aufw. Oben re, *Ww (Naturfreundehaus)*, auf Str re zum Wald, Gab, br Weg li aufw. Nächste Gab li aufw, oben li *zur Festung*. Auf gleichem Weg 300 m zurück. Mit *[3]* li
MW abw zum *Festungsfriedhof* und mit *Blaustrich* li, dann re abw, Waldende, schöner Blick. Mit Str li, dann re durch *Kersbach* und auf Straße ger abw bis Waldspitze (Sportpl.), dort mit Feldweg re 300 m. Dann über Str und an Schranke abw in *Sandgrube*, li und re durch Wiese, über Steg und li kurz mit Bach, dann re durch Wald und über Bahn, drüben li durch Wald. Über Str halbre weiter. Bei

Gab li, Waldweg zum Ort. *Bahnhofsstr* li zum Bahnhofsplatz.

● **Neunkirchen – Heuchling** – 1 Std – Hinter Backsteinhaus li, *ohne Zeichen*, mit Fußweg neben Bahn Stufen abw, *OM* unten vor Bach re, Fußweg durch Gärten. *Bahnhofstr* ger über *Hauptstr* zum *Rathaus*. Hier li *Heuchlinger Str* aufw, oben re aufw. Durch die Felder Ri *Autobahn* und drüben im Wald li abw, bei Dreiergab Mitte abw. Unten über Bach und aufw über Querweg, kurz li, Gab re durch Felder zur *Str* und mit dieser abw bis *Heuchling*. Ger *Röthstr* über *Schulstr*, in die Sackgasse, mit Fußweg kurz re, dann li mit Bach um Weiher, mit *Neunkirchener Str* ger zum nahen *Rathaus* und li zur wohltuenden Einkehr im *Gasthof »zur Linde«*.

## Gasthof „Zur Linde"

**Familie Hölzel 8560 Lauf-Heuchling, Neunkirchener Str. 6,
Tel.(0 91 23) 28 00**

Ruhige Lage, dennoch fast im Zentrum von Lauf, nahe Bahnhof und AB Berlin und Frankfurt. Fremdenzimmer, alle mit Dusche. Fränkische Spezialitäten zu günstigen Preisen. Schattiger Wirtschaftsgarten.

Wollnersaal 100 – 500 Personen
Nebenzimmer 20 – 130 Personen
Familien Feiern – Betriebsausflüge – Tagungen
Gutbürgerliche Küche – Hausgebäck
Eigene Schlachtungen
Mittwoch Schlachtschüssel

Dienstag Ruhetag

## *Gasthof Kampfer*

Fröschau 1 · 8563 Schnaittach
Tel. (0 91 53) 671

Die ideale Wandereinkehr, am Fuße des Rothenbergs gelegen. Verschieden gestaltete, gemütliche Gasträume, moderne Gästezimmer mit Dusche, Bad, WC, Balkon, Telefon, TV, Garagen.
Freitag Ruhetag, Sonntag ab 17.00 Uhr geschlossen.

## Schnaittach — Enzenreuth — Schloßberg — Osternohe — Poppenhof — Hedersdorf — Schnaittach

🖼 🏰 🎿 ⛪ ⊠ ⌂

**Weg und Zeit** — 11½ km — 3 Stdn.
**Anfahrt** — B 14, Abzw östl. von *Lauf*. A 9, Ausf. *Schnaittach*.
**Parken** — Gäste-P *Gasthof Kampfer*. Sonst am *Bürgerweiher* und in der *Badstraße*.
**Charakteristik** — Die Route führt hoch auf das *Albplateau* mit schöner Aussicht auf die Kuppenlandschaft der Alb und das hügelige *Keupergebiet* um *Nürnberg*. Eine liebliche Talwanderung folgt zum Abschluß. Die Tour kann mit dem Besuch der nach französischen Mustern erb. ehem. *kurbayer. Festung Rothenberg* (S. 20) verbunden werden.

● **Schnaittach** — Hauptort des gleichnamigen Tales und der ehem. bayer. *Herrschaft Rothenburg*. Schöner Ortskern, *St. Kunigunde* (14./15. Jh.), barocke *Wallfahrtskapelle, Barockschloß, Judenfriedhof, Heimatmuseum*.

● **Osternohe** — Als Sitz des gleichnamigen Adelsgeschlechts 1170 erwähnt. Einst preuß. Enklave, Burgreste, *Dorfkirche* (um 1475), bedeutender Schnitzaltar (um 1480).

● **Schnaittach — Enzenreuth — Schloßberg — Osternohe —**
*OM* 1¾ Stdn — Vom *Bürgerweiher* in *Nürnberger Str*, li *Johannisgasse* aufw und re am *Kolbmannshof* vorbei, abw über *Nürnberger Str, Winterlesgäßchen* abw an *Synagoge* vorbei in die *Fröschau*. Beim *Gasthof Kampfer* re über Bach, Str.
*MA* Jetzt mit *Rotpunkt* über Bahn und li *Gottfr.-Stammler-Str*, dann re *Jos.-Otto-Kolb-Str* und *Martin-Schütz-Ring* aufw. Oben re zur *Festungsstr*, mit dieser ca. 250 m aufw. Am Wald mit *Lehrpfad* re, später li steil aufw über Festungs-P.
*MW* *Blaustrich*, auch *Andreaskreuz* und *Grünpunkt*, führen die Str aufw nach *Enzenreuth*. Oben li Abstecher zum *Enzenstein AP*. Danach mit allen Z auf freie Flur, herrlicher Rundblick. (*Grünpunkt* biegt halbli ab.) Mit Fahrweg zum Wald. Im Wald kommen *Rotkreuz* und später (!) *Gelbkreuz* hinzu. Beim Verlassen des Waldes (!) Blick zur *Burg Hohenstein*, nach 50 m li ab (*Rote Zeichen* ger) durch Wald über Str, *AP*, und ger, bald auf Pfad durch Sträucherreihe zum Wald. Am Kirschgarten kurz re, dann auf Waldweg durch umherliegende Felsen aufw. Feldflur streifen, dann durch Waldstück abw an Lichtung vorbei zur Str und mit ihr hinunter nach *Schloßberg*. *Burgstumpf* und wenige *Mauerreste* zeugen noch von der 1553 zerstörten *Burg*. Hier kann man beim Gasthof *Igelwirt* einkehren. Dort die Treppen abw, auch neben Garage die Stufen abw, dann mit Str in Kurven hinunter nach *Osternohe*, wo der Gasthof *Goldener*

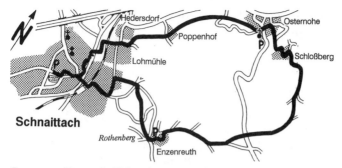

*Stern* zur Rast einlädt.

● **Osternohe – Poppenhof – Hedersdorf – Schnaittach –**
1¼ Stdn – Dem Bach folgend, unterhalb der Kirche re, mit *Blaukreuz* aufw und durch das liebliche *Osternoher Tal* bis *Poppenhof*. Poppo von Osternohe gilt als Gründer der *ostpreußischen Stadt Königsberg* und *Erbauer der Memelburg*. Auf betonierter, später asphaltierter Str weiter nach *Hedersdorf* und dort vor der *Lohmühle* re über den Bach. Dann li neben dem Bach, wieder über den Bach und re über die Bahn. Zunächst neben Bahn, dann re und neben der *Schnaittach* durch Str zum Ort. Durch die *Brauhgasse* in die *Fröschau*.

MW

---

### Gasthof und Pension
## Igelwirt

Fam. Igel-Maas, Osternohe-Schloßberg
Tel. 0 91 53/2 97, Fax (09153)4620

Idyllisch ruhig gelegener Berggasthof mit herrlichem Rundblick, Biergarten, gemütliche Atmosphäre, fränkische Küche, Liegeterrasse, Kachelofenstube, rustikal neu eingerichtete Zimmer mit Dusche, Bad, WC, TV(50 Betten), Haustaxi, Konferenzräume, eig. Metzgerei, hausgem. Wurstwaren in Dosen.

60 km gutmarkierte Wanderwege ab Haus.

Vom ADAC empfohlen          Montag Ruhetag

---

Gasthof
Pension
Metzgerei
Fam. Kurt Maas

## Goldener Stern
**Osternohe**

Moderne Fremdenzimmer mit Dusche/WC oder BAD/WC Balkon, 35 Betten. Gemütliche Gasträume für 35/40/70/120 Personen. Ideal für Tagungen, Betriebs-, Vereins- und Familienfeiern.

Sa./So. u. a. Schäufele, Knöchle, Spanferkel. Täglich warme Küche. Donnerstag Ruhetag. Mittwoch fränk. Hausschlachtung.

8563 Schnaittach-Osternohe
An der Osternohe 2 · Tel. (0 91 53) 75 86

## Schönberg – Moritzberg – Haimendorf – Schönberg

🏔️ 🏘️ 🏰 🌲 ✳️ ✴️ 🌙

**Weg und Zeit** – 8 km – 2¼ Stdn.
**Anfahrt** – B 14 bis *Lauf*, dort zur Autobahnausfahrt *Lauf-Süd*, weiter Ri *Schönberg*.
**Parken** – Auf *Marktplatz*, gegenüber *Gasthof „Rotes Roß"*.
**Charakteristik** – Weit nach Westen vorgeschoben, im Osten nur durch einen schmalen Sattel mit dem *Albgebirge* verbunden, ragt südlich der *Stadt Lauf* der 603 m hohe *Moritzberg* auf. Der Aufstieg ist kurz, aber sehr steil. Ebenso steil ist auch der Abstieg, doch die Höhenlage der Wege um diesen Berg bietet einen einzigartigen Panoramablick über den *Lorenzer Wald* bis *Nürnberg*, und über die gesamte *Frankenalb* bis zu den Höhen der *Fränkischen Schweiz* im Norden und ins *Sulzbacher Bergland* im Osten.
● **Schönberg** – Stattliches Dorf, liegt eingerahmt von Feldern am Nordfuß des *Moritzberges*. Anstelle des einstigen Schlosses, das auch *Konradin*, dem letzten *Hohenstaufer*, gehörte, steht heute die neugotische *Kirche* neben dem alten Rundturm. Der Ort war lange Zeit eine *markgräflich-ansbachische* Enklave im *Reichstädtisch-Nürnbergischen*.
● **Haimendorf** – Dorf westlich des *Moritzberges*, mit ehem. Wasserschloß, Sitz derer *von Haymendorf* (um 1300), später der *Valzner*. Sie stifteten die *Moritzberger Mauritius-Kapelle*. Danach *von Tucher* und heute Familie *von Fürer*.

MA ● **Schönberg – Moritzberg** – ¾ Std – Am Gasthof, mit *Rotkreuz*, in *Brünnelweg*, etwas li, dann re und ger durch Felder. Nach 350 m Querweg, ger *Wiesenweg* durch Senke. Nächsten Querweg kreuzen, ger unter Ü-Ltg. durch etwas aufw, dann 60 m li und gewohnte Ri zum Wald. Am Wald kurz re, über Bach und Fahrweg, gewohnte Ri aufw. Später etwas li, dann Fahrweg re aufw; Hohlweg li herum. *Rotpunkt* kommt hinzu, weiter aufw. Bei Gab li neben Hohlweg,
OM oben *ohne Z* ger, *Promille Weg*, auf das *Moritzbergplateau* mit Kapelle und Aussichts-Turm.

● **Moritzberg – Haimendorf** – ¾ Std – Mit *Rot-* und *Grün-*
MA *punkt* li am Turm vorbei, nach 60 m nur mit *Grünpunkt* Pfad re abw über Querweg, Gab re, dann neben Hohlweg abw. Wieder Gab, re Hohlpfad abw. Nach 150 m Fahrweg ger, am Waldende schöne Aussicht über *Lorenzer Wald*.
OM Noch 200 m ger abw, dann *ohne Z* re auf ebenem Fahrweg mit herrlichem Panorama Ri *Haimendorf*. Nach 500 m kommen mehrere *Zeichen* vom *Moritzberg*, ger leicht li auf Dorf zu. Blick zur Festung *Rothenberg* und zum *Glatzenstein*. Vor *Haimendorf* Gab, ger *ohne Z*, nächsten Querweg

li in den Ort. Li, dann *Str Am Wasserschloß* zum *Schloß*.
● **Haimendorf—Schönberg**—³/₄ Std—Zurück zur *Friedrich-von-Fürer-Str* und mit *Grünstrich* li, Str-Gab, *ohne Z* ger Ri *Lauf*, nach 50 m re ab, *Leinleiterweg* mit schöner Aussicht abw. Am Wald re über *Hauersteg*, ehem. Grenzsteg zur markgräflichen Enklave *Schönberg*. Aufw, an Wiese li und aufw zur nahen Flurstr. Überwältigendes Bild: im Vordergrund *Schönberg* mit *Kirche* und dahinter die ganze *Frankenalb* wie eine Theaterkulisse. Str 150 m abw, dann re Feldweg etwas li in Grabenmulde, bei Baumgruppe li, mit Fahrweg Ri *Schönberg*. Auf Ortsstr re zum *Marktplatz* und zur Einkehr im *Gasthof »Rotes Roß«*.

Gasthof und Metzgerei

# »Rotes Roß«

Bes.: Familie Lehr
8560 Lauf-Schönberg
Tel. (09123) 4673

Gemütliche rustikale Gasträume,
gutbürgerliche Küche,
fränkische Spezialitäten,
deftige Brotzeiten aus eigener Metzgerei. Saal und Nebenzimmer für Betriebs- und Familienfeiern. Zwei Bundeskegelbahnen.          Montag Ruhetag

Besuchen Sie auch unsere netten Kunden
– **im schönen Lauf und Umgebung** –
und lassen Sie sich angenehm überraschen

Viel Vergnügen!

seit 1843

Ihr Brauhaus Lauf
8560 Lauf a. d. Pegnitz
Urlashöhe 2
Tel. (09123) 2270

## Altdorf — Stadtrundgang

**Anfahrt** — A 6. A 3. B 8, Abzw in *Schwarzenbruck* und *Pfeifferhütte*. Auch von *Lauf* oder *Hersbruck*.
**Parken** — An Einmündung *Hersbrucker* in *Fischbacher Str.* *Nürnberger Str* Ri BAB. *Im Mühlweg* o. am *Marktplatz*.
**Die Geschichte** — *Altdorf* steht auf altem Siedlungsboden, was Reihengräber aus der *Merowingerzeit* beweisen. Um 800 *Königshof* mit *Martinskapelle*, unter *Wittelsbachern* 1387 Stadt, 1504 Territorium der *Freien Reichsstadt Nürnberg*, 1806 durch *Napoleon* dem *Königreich Bayern* einverbleibt. Die 1578 gegründete *Universität* wird 1809 nach *Erlangen* verlegt. Die in dreijährigem Rythmus stattfindenden (1991) *Wallensteinfestspiele* erinnern an einen der berühmten *Altdorfer Studenten*, aber auch der *Philosoph Leibniz* promovierte 1666 hier.

● **Der Rundgang** — In der *Altstadt* begegnet man vielen Zeugnissen aus jener Zeit. Gleich beim P , an der *Fischbacher Str*, Ecke *Kronäckerstr* **(1)** steht das malerische ehem. Wohnhaus des Universitätsprofessors *Hoffmann*, dahinter sein sechseckiges Gartenhaus. Jetzt mit *Fischbacher* dann *Nürnberger Str* zum *Oberen Tor* **(2)**, re *Roßweiher*, li *Waschweiher*, beides Überbleibsel des einstigen Stadtgrabens. Hinter dem *Roßweiher* Reste der Stadtbefestigung aus dem 15. Jh. mit *Feilturm*. Nach Tor re zum *Feilturm* **(3)**, dann li und re Ri *Marktplatz*, dann re zum 1558 erbauten *nürnbergischen Pflegerschloß* **(4)** (Polizei). Der *Brunnen* aus neuerer Zeit zeigt *Wallenstein* als Student mit *Marketenderin* in übermütiger Pose. Durch *Neubaugasse* zu den 1571—1583 aus heimischen Sandsteinen erb. Universitätsgebäuden **(5)**, heute Heim- und Ausbildungsstätte für Körperbehinderte. Der Hof mit *Minerva-Brunnen von Georg Labewolf* ist alle drei Jahre die Kulisse bei den Aufführungen der *Wallensteinfestspiele*. Durch die *Silbergasse* mit malerischen Kleinbürgerhäusern und die *Schmiedgasse* geht es zum *Unteren Tor* **(6)**. Dort durch zum Friedhof **(7)**, *Kirche* 1741/42 err. mit Kanzelaltar. Gräber der Professoren und Bildstock aus 15. Jh. Zurück durch das Tor zum *Marktplatz* **(8)** mit stattlichen Bürgerhäusern aus 16., 17. und 18. Jh. Das 1565 erbaute *Rathaus* **(9)** steht auf mittelalterlichem Fundament. Die *Stadtkirche St. Laurentius* (14. Jh.) **(10)** erhielt 1753—1755 die jetzige Form. Die Innenausstattung mit Professorengestühl, Wappen der *Nürnberger Pfleger* und dem kunstvoll geschmückten Baldachin über dem Platz des Rektors der Universität u.v.m. ist sehenswert. Draußen um das Gotteshaus ein besonders schönes Häuserensemble mit dem *Rothenburger Haus* **(11)**. Beim *Rat-*

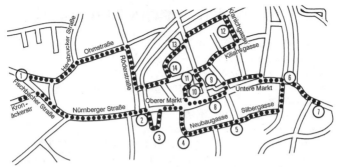

*haus* geht es neben dem malerischen schmalen Fachwerkhaus die *Hermanngasse* abw und re in die *Kiliangasse* mit schönen Häusern, 17./18. Jh. Li, *Kranichgasse 7*, repräsentative barocke Sandsteinfassade mit Fachwerkaufbau **(12)**. Jetzt li *Türkeistr, Heumarkt, Hesselgasse*, hier im Hs-Nr. 7 befand sich die *ehem. Hessel'sche Universitätsdruckerei* **(13)**. Anschließend ein reizvoller Winkel *Am Platzl* mit dem *Schermeyer Haus* **(14)**. Jetzt re *Obere Wehd* zum *Waschweiher* und re in die *Röderstr.* Hier stehen zwei zu einem Tor zusammengewachsene ca. 100 Jahre alte Eschen, vielleicht ein Studentenulk? 100 m weiter steht das *ehem. Amtsgericht* mit Jugenstilportal. Vorher geht es li durch *Ohmstr* in die *Hersbrucker Str* und li zum P.

## Brückkanal — Schwarzenbruck — Brückkanal

**Weg und Zeit** — 11,5 km — knapp 3 Stdn.
**Anfahrt** — B 8, Abzw bei *Feucht*, Ri *Wendelstein, Ww Brückkanal*. Oder auf Str *Schwarzenbruck — Wendelstein*, Abzw *Brückkanal*.
**Parken** — Am P der *Waldschänke Brückkanal*.
**Charakteristik** — Bei *Gsteinach* mußte sich die *Schwarzach* durch den rosaroten Bundsandstein arbeiten und hat dabei wahre Wunderwerke vollbracht. Dieses Naturdenkmal, ein Moorgebiet, der alte *Ludwig-Donau-Main-Kanal* und ein Renaissanceschloß werden auf dieser Wanderung bewundert.

● **Brückkanal — Faberschloß** — knapp 2 Stdn — Vom P geht es zum *Brückkanal*, dem Paradestück des von Architekt *Pechmann* zwischen 1836 und 1846 gebauten *Ludwig-*

OM *Donau-Main-Kanals*. *Ohne Zeichen* über die 17 m hohe Brücke. Den Kanal zur Rechten, geht es nun gut 4 km neben dieser alten Wasserstraße auf dem *Treidelweg*, auf dem einst die Pferde liefen und die Schiffe zogen. Dabei kommt man an 14 Schleusen vorbei, die oft nur 250 m auseinander liegen. Die Kanalwärterhäuser und die ebenfalls aus Sandstein gebauten Bogenbrücken erinnern an geruhsamere Zeiten. Tafeln des *Wasserwirtschaftsamtes* erläutern Daten dieser erstmals gelungenen Verbindung zwischen *Main* und *Donau*. Vor Schleuse 47 steht ein kleiner Grenzstein, 91 km sind es noch bis *Kehlheim*. Nach Schleu-

MA se 46 (!) geht es dann bei dem Wasserablaß mit *Blaupunkt* li vom Kanal weg, im lichten Kiefernwald abw und nach 600 m etwas li über die Wegkreuzung weiter. Ohne merkliche Richtungsänderung 800 m auf br Waldweg. Dann bei der Birkenkolonie (li ausgetrockneter Weiher) re auf Forststr bald abw und über einen Teerweg zum *Faberschloß*. *Freiherr von Faber* ließ es 1883—1885 nach französischen Mustern errichten. (Heute Altersheim).

● **Faberschloß — Schwarzachklamm — Brückkanal** — 1 Std
— Vor dem Schloß mit *Blaupunkt* re und neben den Garagen abw, bald li hinunter zur *Schwarzach*. Über den Steg

MW und dann li *Blaukreuz* mit dem Fluß, re *Petz'sches Schloß*, zur Brücke am *Faberwehr*. Drüben am P steht eine Tafel über den *Lehrpfad des Amts für Wasserwirtschaft*, der dort beginnt, und dem diese Route nun bis zum *Brückkanal* folgt. Diesseits den *Hirtenweg* aufw, dann abw und über die *Schwarzach*. Drüben am Wald und bald wieder über das

OM Albflüßchen. *Ohne Markierung* re zwischen Sportplatz und Flußschleife, dann kurz auf Str und nach dem P

halbl von der Str weg. Immer re den Waldhang, geht es nun li 800 m um das Moorgebiet und dann auf der Rückseite des Sportplatzes re die Treppen hoch. Auf der Str li und nach dem P die Stufen hinunter zur *Schwarzach*. Jetzt wieder mit *Blaukreuz* re in die *Schwarzachklamm*, die sich hier schon mit mächtigen Sandsteinfelsen präsentiert. Wenig später unter dem Gasthaus durch und direkt in das alte Fabrikgelände. Zwischen Fabrikgebäuden und Sandsteinfelswand weiter zur nahen *Gustav-Adolf-Höhle*. Die Inschrift an der Decke erinnert daran, daß der Schwedenkönig *Gustav Adolf* im Dreißigjährigen Krieg nach gewonnener Schlacht hier einen Feldgottesdienst abhalten ließ. Danach geht es durch das Felsentor und an Felswänden entlang aufw zur Str. Etwa 100 m auf Str, dann wieder abw zum Kraftwerk, wo das Wasser mit lautem Getöse über das Wehr stürzt. 300 m später steht eine Tafel über die Gewässergüteklassen, und der Zufluß vom oberhalb liegenden Klärwerk macht sich in der Nase bemerkbar. Nach 400 m quert ein Steg den Flußlauf, kurz danach geht es gebückt durch den Fels in die *Karlshöhle* mit Quelle. Danach weitet sich das Tal etwas, ohne aber an Reiz zu verlieren. Nach weiteren 600 m geht es re Treppen hoch an einer Quelle vorbei zur wohlverdienten Rast in oder vor der *Waldgastschänke Brückkanal*.

# WALDSCHÄNKE BRÜCKKANAL

### Familie Böhm

- Sommermonate : Emmentaler vom Rad
- Selbstgeräucherter Schinken
- Fränkische Brotzeitspezialitäten
- Winterzeit: Gutbürgerliche Küche
- Nebenräume für Veranstaltungen

**8501 Feucht-Schwarzenbruck · Brückkanal 3**
**Telefon: (0 91 28) 43 26**

## Diepersdorf — Leinburg — Weißenbrunn — Röthenbach — Ungelstetten — Diepersdorf

◨ ◧ ▨ ◩

**Weg und Zeit** — 22 km — 5½ Stdn.
**Anfahrt** — Von *Nürnberg/Schwaig, Lauf, Hersbruck, Altdorf.* A 9, Ausf. *Lauf/Süd*, A 6, Ausf. *Altdorf/Leinburg.*
**Parken** — Gäste-P *Distlerhof*. Sonst *Kornmarkt Leinburg.*
**Charakteristik**—Erholsame ausgedehnte Waldwanderung ohne Steigungen. Stille Auenlandschaften und kurzzeitige reizvolle Bachläufe sorgen für Abwechslung.

● **Diepersdorf** und **Leinburg**—Am Fuße des *Moritzberges*. Sie gehörten um 1300 den *Grafen von Nassau* und später den *Nürnberger Burggrafen*. Die 1393 gegr. Pfarrei war Lehen der *Universität Heidelberg*. Die Turmmauern der alten *Leinburger Wehrkirche* stammen aus dem 14. Jh.

● **Röthenbach** — Ortsteil von *Altdorf* am *ND Röthenbachklamm*.

● **Ungelstetten** — Am *Röthenbachknie*, 800 n. Chr. *Königshof*. Im ehem. Forsthaus, heute Ortsmitte, weilte 1858 *König Max II. von Bayern* während der Auerhahnbalz.

● **Diepersdorf — Leinburg —Weißenbr. — Röthenb. —**
OM 2½ Stdn—Ab *Hotel Distlerhof* die Bergstr abw, nach 40 m li *Im Wöhrlet* und sofort li abw. Unten kurz re, dann li ebener Weg durch Wald, auf freier Flur Linksbogen, dann ger auf ganz linken Kirchturm zu. Str abw, *Bachgasse* zum *Marktplatz*, neben Kirche in *Brunner Str*, am *Friedhof* vorbei. Gab an *ND Holzplatzlinden*, li abw und ger zum Wald. Dort Gab re durch Hohlweg abw, über Bach, nach der *Haidelbachbrücke* li, 150 m eben, dann re aufw, br Sandweg. Nächste Gab ganz li, Fahrweg. Nach 300 m Gab, Fahrweg re aufw,
MA 400 m Gab ger und nächste Forstst li. Bald *Rotpunkt* von re, mit diesem ger, in Kurve ger, bald über Str, am Sportpl.
OM li durch Wald bis *Weißenbrunn*. Re zur Hauptstr, li, *ohne Zei-*
MA *chen* re in *Friedhofstr*. Im Wald ger, ab *Grenzpfahl* mit *Rotkreuz*, bald über Str, dann an *Oberem* und *Unterem Egelsee* vorbei. Nahe der BAB re, mit Str li durch und nach Ausfahrt re, nach 70 m li in Wald. Nach Bach li, um Acker, dann re abw. In *Röthenbach* ger am Spielplatz vorbei zur *Röthenbacher Str.* Einkehren in der *Speisegaststätte »Zur Röthenbachklamm«* oder etwas weiter re im *»Gasthof Grünes Tal«*.

● **Röthenbach—Ungelstetten—Diepersdorf**—3 Stdn—Mit
MW *Blaupunkt* zur *Röthenbachklamm*, am Wald 10 m li, dann re, etwas li die *Röthenbachklamm*. Vor BAB li, dann durch und li neben Bach, später *Weiheranlage*, dabei kreuzen
MW drei Fahrwege. In *Ungelstetten* ger, mit *Grünpunkt Brunner Weg* durch Wochenendgrundstücke zum Wald. Nach 15 m

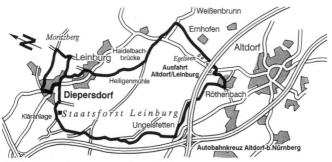

li abw zum *Röthenbach* und vor Steg re aufw. Weg oberhalb des Baches. Nach 1,8 km kreuzt *Rotpunkt*, jetzt kurz re und *ohne Markierung* in gewohnter Ri mit Fahrweg zur Brücke, danach mit [8] li, nach 50 m li abw über Steg weiter am Bach, dann Fahrweg vor *Kohlbrücke* li, über Steg weiter neben Bach. Über die Str und wieder re mit dem Bach, mehrere Stege, dann mit Fahrweg über die Brücke und sofort li. Nach 150 m über Steg und mit *Blaustrich* (auch *Rotpunkt*) re über die Brücke aufw. Oben li br Schotterstr. Zweite Abzw re aufw, oben mit Str zum Ort. Am Ortsschild *OM* kurz re, in Kurve li die Str aufw. *Hauptstr* re, dann li *Bergstr* aufw zur Einkehr in der Gaststätte *»Distlerhof«*.

OM

OM

MA

OM

Gaststätte – Pension

„Distlerhof"

**Georg Distler, Bergstraße 46
8566 Leinburg-Diepersdorf
Tel. 09120/378**

Exquisite Küche, herrliche Terrasse, Kinderspielplatz, Gesellschafts- und Tagungsräume für 20, 50 und 100 Personen.
Zimmer mit Dusche, WC und Telefon.
**8566 Leinburg, Bergstr. 46, Tel. (09120) 378**

## Gastlichkeit in Röthenbach

*Speisegaststätte* „*Zur Röthenbachklamm*"
*Tel. (09187) 3899*

Terrassenbetrieb · Nebenzimmer · Gastraum · fränk. Speisen · ungar. Spezialitäten · Kaffee und Kuchen · gute Parkmöglichkeiten · Besitzer Rolf Schneider

ca. 100 m weiter dann die

Für Ihre Zufriedenheit und Ihr leibliches Wohl sorgt
**Familie Schneider**
8503 Altdorf-Röthenbach
Röthenbacher Str. 8 u. 19

*Ausflugs-u. Speisegaststätte* „*Grünes Tal*"
*Tel. (09187) 6248*

Biergarten · Nebenraum · rustikale Wirtsstube · Saison Spezialitäten z.B. Spargel u. Karpfen · fränk. Gerichte · hausgebackenes Brot · Hausmacher Wurstwaren · Pächter Thomas Schneider

## Sebalder Wald, unteres Pegnitz- und Schnaittachtal

Das sanftwellige, hügelige Albvorland, der weite Grünteppich des *Sebalder Waldes* nördlich der *Pegnitz*, entbehrt keines romantischen Effektes, auch hier gibt es lohnende Wanderziele.
In den aus Forsthuben und Fuhrmannsunterkünften entstandenen Orten stehen heute hübsche Patrizierschlösser, aber auch die Zeugnisse aus der Frühindustrialisierung. Reich an »Spitzwegmotiven« sind vor allem das Städtchen *Lauf* und der Marktflecken *Schnaittach*.
Das *Schnaittachtal*, das einst preußische *Osternohe*, die nach französischem Muster gebaute churbayerische Festung auf dem *Rothenberg* und die auf sandigem Boden stehenden Nadelwälder laden zu erlebnisreichen Wanderungen ein. Nördlich von *Lauf* mußte sich der *Bitterbach* vor seiner Vereinigung mit der *Pegnitz* durch rosaroten Sandstein fressen, dessen Platte bei *Rückersdorf* eine Dicke von ca. 70 m aufweist. Dabei hat das Wasser eine anmutige, malerische Klamm geschaffen.
Die Südgrenze des hier beschriebenen Gebietes bildet der *Moritzberg*. Dieser 603 m hohe, weit von der Albkante nach Westen vorspringende Bergrücken ist ein wahrer *Lehrberg* für Geologen und wird als Hausberg der *Nürnberger* bezeichnet. *König Ludwig I. von Bayern* wollte ursprünglich auf seinem Gipfelplateau einen Ruhmestempel, ähnlich der *Walhalla* bei *Donaustauf*, errichten. Die später hier eingerichtete Sendestation des Bayerischen Rundfunks wurde auf den *Dillberg* bei *Neumarkt in der Oberpfalz* verlegt. Wo *Germania* als Statue geplant war, steht heute ein 1911 errichteter schlichter Aussichtsturm des *Verschönerungsvereins Moritzberg und Umgebung*. Er mußte 1964 aufgestockt werden, weil ihn die Baumriesen eingeholt hatten. Die von dem Nürnberger Patrizier *Valzner* gestiftete *Mauritius-Kapelle*, die dem Berg den heutigen Namen gab, ist leider nur an wenigen Tagen im Jahr zur Besichtigung geöffnet. Am 1. Mai zum Vormittagsgottesdienst, an Pfingsten und zum Kirchweihtag, dem 3. Augustsonntag.
Selbstverständlich warten auch die Gasthöfe im unteren *Pegnitztal*, um *Schnaittach* und im ehemaligen *Reichswald* mit fränkischen Schmankerln und deftigen Brotzeiten auf.

*Wandern ...*
*... und Einkehren*

*Frühling in der Frankenalb*

oben: Burgthann
unten: Schwarzachklamm bei Schwarzenbruck

*Teufelskirche bei Altdorf*

# Altdorfer Land mit Schwarzachtal

Der *Lorenzer Wald*, im Osten und Südosten der *Frankenmetropole Nürnberg* gelegen, wurde schon im 14. Jahrhundert des *Heiligen Reiches Bienengarten* genannt. Noch heute bilden die mehr als 22 000 ha dieses Waldes den überwiegenden Teil des *Altdorfer Landes*. Es ist eine sanftwellige Hügellandschaft, die sich nach Osten hin zur Steilkante der *Fränkischen Alb* hinzieht, ein Mittelgebirge mit Höhen bis über 600 m. Die *Schwarzach* mit ihrem streckenweise wildromantischen, tief in den *Rhät-* und *Burgsandstein* eingeschnittenen Tal, fließt südlich der alten ehemaligen Universitätsstadt *Altdorf* von Osten nach Westen zur *Rednitz* hin. Begrenzt wird dieses vielgestaltige und sehr unterschiedliche Land im Süden durch den 1846 unter *König Ludwig I.* gebauten, längst stillgelegten und reizvoll in die Landschaft passenden *Ludwig-Donau-Main-Kanal*, mit seinen zahlreichen Schleusen, Brücken und Schleusenwärterhäusern. Südlich davon, bereits auf oberpfälzischem Gebiet, erhebt sich der *Dillberg*, ein 591 m hoher Inselberg, mit Sendestation des *Bayerischen Rundfunks* auf dem aussichtsreichen Hochplateau. Wie in diese fast unverdorbene Landschaft hineingesät, liegen die freundlichen Dörfer mit mittelalterlichen Wehrkirchen und behäbigen hochgiebeligen Fachwerkhäusern. Reizvolle schloßähnliche Herrensitze der ehemaligen *reichstädtisch-nürnbergischen Patrizier* zeugen von der frühen Beachtung dieser einmalig schönen Landschaft, die gerade jetzt in der Zeit voller Hast und Turbulenz ihren Erholungswert erhalten hat. Wälder, Wiesen und Felder, schöne Fernsicht bietende Höhen und romantische, wildzerklüftete Schluchten, reine Luft und Ruhe – ohne übertriebene Lockmittel moderner Touristik –, das ist das *Altdorfer Land*.

Darüber hinaus bietet die Nachbarschaft zum alten *Nürnberg*, mit seinen historischen Gebäuden, Museen, Sammlungen und dem wohl einmalig schön gelegenen Tiergarten, dem Gast, der die Abwechslung liebt, auch hier den gewünschten Ausgleich.

Zum Wandern und Einkehren ist dieses Gebiet ideal geschaffen, hier findet der Wanderer geradezu alles: Es locken ihn erholsame ausgedehnte Waldtouren, steile Bergrouten und geheimnisvolle Talpfade zur Erkundung dieser herrlichen Landschaft.

**Altenthann — Grünsberg — Teufelskirche — Altdorf — Prethalmühle — Prackenfels — Wolfsschlucht — Wallersberg — Altenthann**

**Weg und Zeit** — knapp 11 km — 2³/₄ Stdn.
**Anfahrt** — A 3, Ausf. *Altdorf/Burgthann*. Oder Str *Feucht — Altdorf* bzw. *Schwarzenbruck — Burgthann*.
**Parken** — Gäste P *»Weißes Kreuz«*. Sonst am Dorfweiher.
**Charakteristik** — Der Urstrom des Albflüßchens *Schwarzach* mußte sich bei *Altdorf* durch den *Rhätsandstein* bohren und hat dabei einige reizvolle Braunjuratäler geschaffen. Drei dieser Felsschluchten liegen an der Route.

● **Altenthann** — Kirchdorf in leichter Mulde auf *Liashöhe*. Einst Sitz der Familie *Grundherr von Altenthann*. *St. Veits-Kirche* steht auf dem Grund einer ehem. Burg und ist heute noch vom tiefen Befestigungsgraben umgeben. Die flache Haube des Turmes ragt nur wenig über das Langhaus. Innen erinnert vieles an Familie *Grundherr*, die noch heute das *Patronatsrecht* besitzt.

● **Teufelskirche** — Eine Sandsteinwand am Ende der wildromantischen *Teufelsschlucht*, die zwei künstliche Querstollen aufweist. Bereits 1529 wird von einem *»Perckwerck teuffelskirchen«* gesprochen. Man glaubte, hier Kohle zu finden, es wird auch von Silber erzählt, einer der Schächte heißt *»Silberloch«*.

● **Grünsberg** — Ein alter *Nürnberger Herrensitz* mit dreigeschossigem Palais. Verwalter- und Pächterhaus mit Uhr- und Glockentürmchen. Reste eines Wehrganges auf Wehrmauer und kl Rundturm mit Spitzhaube.

● **Altenthann — Grünsberg — Teufelskirche — Altdorf** -
OM 1¼ Stdn — Am Weiher, Ri *Rummelsberg*, dann li *Am Vogelherd*. Ortsende re, im Wald Gab, re abw. Im Talgrund mit
MA *Blaustrich* (auch *Rotpunkt*) re durch felsigen *Thanngraben*
OM nach *Altenthann*. Str *ohne Z* li, *Altdorfer Str* aufw. Vor Ortsschild re, Fahrweg über aussichtsreiche Hochfläche ohne Richtungsänderung am Wald vorbei und durch Waldstück. (!) 20 m nach Jungfichten re, unter 2 E-Leitungen durch, mit Blick zum *Dillberg*. Der grasige Feldweg führt li herum abw zum Wald vor *Grünsberg*. Dort Querweg li durch Wohngebiet. Nach 300 m re, hinter der Leitplanke, abw
MA und li in Str *Am Doktorbrunnen*. Mit *Blaustrich* und [4] durch romantische *Teufelsschlucht*. An *Teufelskriche* mit Steig li aufw und re über den Bach, dann auf br Waldweg 150 m li. Hier re Stufen aufw, ger. Waldende, mit schöner Aussicht re Ri Einzelhof, dann li zur Str und mit dieser li unter BAB durch.

- **Altdorf – Prethalmühle – Prackenfels – Sophienquelle –**
1 Std – Vor Ortsschild *ohne Z* re in *Pfaffentalstr,* nach  OM
500 m mit *Rotkreuz* und *MDWeg*, re abw ins liebliche *Pfaf-* MA
*fental*. Unter BAB-Brücke li bzw. ger auf Wiesenpfad, später am Waldrand li. Metalleiter führt zur Sandsteinhöhle, oben weiter bald durch Wald zur *Prethalmühle* an *Schwarzach*. Mit Str re abw an Mühle vorbei, dann *ohne Z* re aufw. OM
Nach Jugendheim mit *Blaukreuz* li auf schönem Randweg MA
durch stilles Tal. Später li am Wald Gedenkkreuz für gefallenen Soldaten. Kurz durch Wald, dann zweigen Markierungen re ab. (!) Jetzt *ohne Z* ger weiter, durch Wald aufw. OM
Str kreuzen und ger am Acker entlang aufw zum *Dolderlas-* 
*brunnen* mit Quellbecken. Hier mit *Blaustrich* und *-kreuz,* MA
li zur *Sophienquelle*.
- **Sophienquelle – Wallersberg – Altenthann –** $\frac{1}{2}$ Std – Ca.
250 m danach führt ein Pfad re in die *Wolfsschlucht*. Wieder beim Steg, mit allen Z auf sandigem Weg aufw und oben 35 m re, dann re *OM* durch Hohlweg hinauf nach OM
*Wallersberg*. Mit *Blaustrich* gut 500 m auf Str weiter. Kurz MA
vor *Altenthann* führt ein Feldweg halbre ab durch die Felder und Wiesen in Ri *Kirche*. Von dort li aufw zum Weiher und zur Einkehr im *Gasthof »Weißes Kreuz«*.

---

*Gasthof*  
*„Weißes Kreuz"*

**Ochenbrucker Straße 30**
**8501 Altenthann**
**Telefon (09183) 8358**

- Gutbürgerliche Küche
- Moderne Fremdenzimmer mit Dusche und WC
- Eigene Metzgerei
- Nebenzimmer, Saal (ca. 200 Personen) für Veranstaltungen aller Art

**Wir freuen uns auf Ihren Besuch.**
**Familie Schmidt**

**Montag Ruhetag**

## Burgthann — Schwarzenbach — Dörlbach — Rasch — Prethalmühle — Burgthann

**Weg und Zeit** — 13 km — $3\frac{1}{4}$ Stdn.
**Anfahrt** — A 3, Ausf. *Altdorf—Burgthann*, oder B 8, Abzw in *Pfeifferhütte*.
**Parken** — Neben alter *Schwarzachbrücke* an der *Ochenbrukker Str.*
**Charakteristik** — Kurzer Steilanstieg zur Halbruine einer alten Burganlage. Weiterer Anstieg zur Wasserstraße aus dem vorigen Jahrhundert. Nach Talquerung gemütliche Höhenwanderung zu reizendem Kirchenensemble. Zum Abschluß folgt erholsame Talwanderung bis *Burgthann*.

● **Burgthann** — Der an und über der *Schwarzach* gelegene Ort wird durch eine mittelalterl. gleichnamige *Burg* geprägt. Die *Ritter von Thann*, so hieß auch der Ort bis 1434, standen in kaiserlichen Diensten und waren sehr reich.

● **Rasch** — Reizvoll im *Schwarzachtal* gelgen, einer der ältesten Orte um *Altdorf*. Malerische *Kirchenburg* mit ehem. *Schäferkapelle* auf einst heidnischem Kultplatz.

● **Burgthann — Schwarzenbach — Dörlbach — Rasch —**
2 Stdn — Vom P über die Brücke und re in *Eichenstr*, sofort li mit *Blaukreuz* den *Göckelsberg* hinauf. Nach Besuch der Halbruine einer umfangreichen sehenswerten *Burganlage der Herren von Thann*, geht es über ehem. äußeren Burghof *ohne Z* auf *Burgstr* weiter. An Kreuzung li, *Bergstr* aufw. Oben li, *Kanalweg, AP am Sühnekreuz*, dann re abw. Am Wald 15 m li, dann re abw zum *Ludwig-Donau-Main-Kanal*. Nun auf ehem. *Treidelweg* li — das Schutztor sollte ein totales Auslaufen des Kanals verhindern. Die 417 m hoch gelegene Scheitelstrecke dieser Wasserstr ist insgesamt 24 km lang. Kurz vor nächstem Tor erinnert ein Holzkreuz an einen ungeklärten Mord. Zehn Min später werden die ersten Häuser von *Schwarzenbach* erreicht. Auf Damm weiter bis zur Brücke, dann mit *Rotkreuz* li abw nach *Dörlbach*, mit Str kurz li und *Austr* aufw. Nach ca. 500 m, oben *ohne Z* re am *Kriegerdenkmal* vorbei mit herrlicher Rundsicht in Blickrichtung *Gnadenberg*, darüber *Stöckelsberg*. Li die ehem. *Universitätsstadt Altdorf* und re die *Kaserne*, ein Einzelgehöft das beim Kanalbau den italienischen Gastarbeitern als Unterkunft diente. Nach 1 100 m, (!) Eiche und Kiefer in Gab, scharf li, 450 m fast zurück und dann re über die Geländewelle. Danach re, Blick auf *Stöckelsberg*, bald abw in Serpentinen durch Wald nach *Rasch*.

● **Rasch — Prethalmühle — Forresmühle — Burgthann —**

1¼ Stdn − Nach Friedhof mit mehreren *Markierungen* abw. Unten mit *Grünpunkt*, auch *MD-Weg*, li um den Kirchenfels zum Wald. Gab, li am Wald entlang, gemütlicher Waldfahrweg. Später etwas aufw, dann abw zur *Schwarzachbrücke*. *MD-Weg* verlassen! Diesseits am Wald entlang, zunächst *kein Z*, später wieder *Grünpunkt*. Durch Wald und an Weidewiesen vorbei, re stets das gemächlich seine Mäander ziehende Albflüßchen. Etwa 45 Min nach *Prethalmühle* mündet von *Westhaid* kommende Str ein, und vorbei an *ehem. Forresmühle* geht es weiter. Bald wird Str nach *Schwarzenbach* gekreuzt und der untere Ortskern erreicht. Jetzt zur gepflegten Einkehr in den *Gasthof »Blaue Traube«*.

MA

MW

**Gasthof-Pension „Blaue Traube"**
*Fam. Krillmayer, Schwarzachstraße 7*
*8501 Burgthann*
*Tel. (09183) 555*

- Gemütliche, stilvoll rustikale Gasträume und großer Biergarten
- Nebenräume für Tagungen, Gesellschafts- und Familienfeiern
- Bekannt gute fränkische Küche und internationale Spezialitäten

*Montag ab 15.00 Uhr und Dienstag Ruhetag*

### BURGTHANN
#### Wandern auf König Ludwigs Pfaden
*Etwa 25 km südöstlich von Nürnberg, eingebettet in das romantische Schwarzachtal und am Fuße des Brentenberg-Dillberg, liegt die Gemeinde Burgthann.*
*Zu den Sehenswürdigkeiten unserer Gemeinde zählt die dem Ort den Namen gebende Burg (mit Sonderveranstaltungen des Heimatmuseums). Die Burg Thann wurde im 12. Jahrhundert von den Rittern von Thann erbaut. Seit 1988 ist die Burg erstmals in ihrer Geschichte im alleinigen Besitz der Gemeinde. Diesem Umstand ist zu verdanken, daß die Burganlage der breiten Öffentlichkeit für verschiedene Anlässe zur Verfügung steht. Wanderfreunde kommen in Burgthann voll auf ihre Kosten, fünf ausgebaute Wanderwege stehen bereit. So z.B. der „König-Ludwig-Weg", der am alten Ludwig-Donau-Main-Kanal entlang führt. Der alte LDM-Kanal wurde von Bayernkönig Ludwig I. gebaut und zählt zu den schönsten Naturdenkmälern Bayerns.*
**Nähere Informationen erteilt Ihnen gerne die Gemeindeverwaltung**
**Tel: (09183) 401-0, Fax: (09183) 401-18**

## Weißenbrunn — Steinerne Rinne — Entenberg — Heidenloch — Weißenbrunn

**Weg und Zeit** — 12 km — 3 Stdn.
**Anfahrt** — A 6, Ausf. *Altdorf/Leinburg* oder über die Kreisstraßen *Lauf — Altdorf* und *Hersbruck — Altdorf*.
**Parken** — *Weißenbrunner Hauptstr* und am *Bad*.
**Charakteristik** — Erholsame Rundwanderung durch herrliche Laubwälder, vorbei an interessanten Naturdenkmälern. Nach steilem Aufstieg genießt man das unvergeßliche Panorama und schöne Ausblicke am Weiterweg.

● **Weißenbrunn** — Auf Sanddüne unterhalb der Westkante des *Juragebirges* gelegener, aus Gütern des *Nürnberger Egidienklosters* entstandenes Dorf. Heute mit *Jugendherberge, Campingplatz* und *Freibad*.

● **Steinerne Rinne** — Vom Quellwasser aufgebautes erhöhtes Bachbett aus *Tuffstein*.

● **Heidenloch** — Von Menschenhand geschaffene, 250 qm große, 7 m hohe Sandsteinhöhle. Der Sand wurde zum Scheuern der Fußböden und zum Polieren von Messing geschürft.

● **Entenberg** — In einer Bucht zwischen *Buchenberg* und *Weißenbrunner Berg* gelegenes Kirchdorf. *Kirche* 13./14./18. Jh. erb. bzw. verändert, mit schönen Wandgemälden, 500-jährigem *Kruzifix* und *barockem Chorgestühl* von 1690. Im Chorbogen die Wappen der *Stadt Nürnberg* und mehrerer *Patrizierfamilien*.

● **Weißbrunn — Steinerne Rinne — Entenberg** — 2 Stdn —

*MA* Vom Gasthof »*Zum Lindenhof*« mit *Rotpunkt* in die *Winner Str* und re in die *Badstr*, [P]. Zwischen *Bad* und *Juhe* aufw zum Wald. Vor Lichtung li im Hohlweg steil aufw, über Fahrweg mit Pfad aufw zur Schneise (*AP*) und re hinaus auf die Felder mit einzigartigem Panoramablick. Auf

*OM* Querweg *OM* li und sofort Gab halbre, am Wald halbre
*MA* hinein und nach 400 m mit *Blau-* und *Rotstrich*, auch *MD-Weg*, li, bald auf Teerstr zur Kreuzung (*AP*), hier ca 25 m re abw, dann bisherige Ri, bei Gab li und nächste Gab ger, eben durch Wald. Nach 300 m kurz li, dann auf Fahrweg, nach Linkskurve gleich re (*Blaustrich* ger) und abw zur *Stei-*

*OM* *nernen Rinne*. Jetzt li und mit Fahrweg abw. *Ohne Zeichen* zum quer verlaufenden Fahrweg (!). Hier li aufw, oben bei Gab ger auf grasigem, wenig begangenen Weg. Nach 300 m, vor einer Ackerlichtung, li über den mit *Blaustrich*

*MA* markierten Weg. Jetzt mit *Gelbpunkt* auf dem Fahrweg an *Doggerfelsen* vorbei abw bis *Entenberg*, wo in Ortsmitte der *Gasthof* »*Kreuzer*« zur Rast einlädt.

www.gek.de, freecall: 0800-GEKINFO = 0800-4354636

**Mir geht´s gut.**

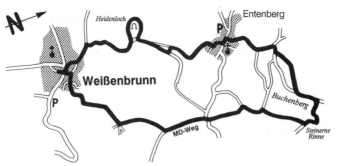

● **Entenberg – Heidenloch – Weißenbrunn** – 1 Std – Mit *Gelbpunkt* durch Str *Am Stallanger*, draußen bei Dreiteilung li im Halbhohlweg aufw zum Wald. Im Wald kurzer steiler Anstieg, dann re fast eben. Bei Fahrweg kurz aufw, sofort re unterhalb des Fahrweges in gewohnte Ri. Dann mit Fahrweg durch Jungwald. Am folgenden Fichtenhochwald *ohne Zeichen* re abw zum 200 m entfernten *Heidenloch*. Neben dem Eingang hoch, dann li oberhalb des Einbruchs auf Pfad zurück zur Forststr und mit *Gelbpunkt* abw, unten re, dann li zur Str und li zur Einkehr im Gasthof *»Zum Lindenhof«*. OM MA

## Gasthof-Pension „Kreuzer"
**Friedensstraße 2, 8566 Leinburg-Entenberg**
**Tel. 0 91 20/2 61**

Ruhige Lage, schattiger Biergarten; eigene Hausschlachtung, fränkische Küche zu günstigen Preisen.
Moderne Zimmer, alle mit Du/WC. Skilift in der Nähe; naher Ausgangspunkt markierter Wanderwege durch schattige Wälder.
Gesamt-Sitzplätze: ca. 150 – Parkplatz auch für Busse.
**Dienstag Ruhetag**

## Gasthof „Zum Lindenhof"
**8566 Weißenbrunn,**
**Ernhofer Str.1,(09 18 7)59 03**

Ausflugsgaststätte mit schattigem Biergarten.
Nebenzimmer für 50 Personen.
Fränkische Küche.
Von Okt.-Febr. lebend-frische Karpfen.
Deftige Brotzeiten.

**Auf Ihren Besuch freut sich Familie Hock**

## Buch — Dillberg — Heinzburg — Hausheim — Dillberg — Sender — Buch

◨ ▨ ❋ ❋ ◠

**Weg und Zeit** — 15 km — 4 Stdn.
**Anfahrt** — B 8 *Nürnberg - Neumarkt*, Abzw bei *Postbauer-Heng*.
**Parken** — In *Buch* am *Gasthof-Pension Goldene Krone*, auf dem *Dillberg* vor *Hotel Berghof* oder Wander P .
**Charakteristik** — Wer die *Frankenalb* durchwandert, muß auch den *Dillberg* ersteigen. Er bietet eine Rundsicht, nicht nur über die *Frankenalb*, sondern auch über den *Oberpfälzer Jura* und die Ausläufer des *Lorenzer Waldes*. Die Route kann in zwei kleine Rundwege geteilt werden.

● **Dillberg** — Der Alb vorgeschobener 595 m hoher Inselberg mit Sendestation des *Bayerischen Rundfunks*. Am Fuße zwischen *Buch* und *Etzeldorf* wurde der sog. *Etzelsdorfer Goldhut* gefunden, ein Kultgegenstand aus der *Bronzezeit* (ca. 1500 v. Chr.).

● **Buch — Dillberg — Heinzburg** — 1½ Stdn — Vom Gasthof
MA *Goldene Krone* mit *Rotkreuz* re, *Ww Fußweg Dillberg*. 120 m ger und bei Trafohaus li aufw. Oben re am Wbh. vorbei aufw zum *Hotel Berghof*. Am P vorbei, Str kreuzen und
MW mit *Gelbstrich* nach 50 m re auf Fahrweg allmählich li abw. Der gut markierte Weg führt immer auf der Höhe durch abwechslungsreichen Wald ohne merkliche Richtungsänderung bis zur 3 km entfernten *Heinzburg*. Kurz vor dem Gipfel kommt *Rotpunkt* von li. Von der ehem. Burg ist nichts mehr zu sehen, nur hohe Erdwälle und Steinhaufen lassen die Größe der einstigen Anlage vermuten.

● **Heinzburg — Hausheim — Dillberg — Buch** — 2½ Stdn —
MW 300 m zurück und mit *Rotpunkt* re abw, ger über die Kreu-
OM zung, auf Forststraße abw und 100 m vor Waldende, *ohne Zeichen* li. Der Fahrweg führt durch eine Senke und bald zum Wald hinaus. Am ehem. *Forsthaus Großwiesenhof* re vorbei, dann re und am Waldeck li. Jetzt ger durch freie Flur mit Blick nach *Berg*. Bald etwas abw, unten über den Bach und sofort li auf den *Dillberg* zu. Bei Pappelwald auf dem Hauptweg bleiben, bald auf geteerter Flurstr ger bis *Kruzifix*. Dort re 200 m Ri *Hausheim*, dann wieder über den Bach und sofort li an Wäldchen vorbei, dann Gab vor Bach re, vorbei an *Marterl* (*Gg. Hirschmann*). Danach geht es li über den Bach am Acker vorbei zum Wald und bei Gab li, nächste Gab wieder li auf dem Fahrweg, das Bächlein zur Rechten. Dann stetig aufw, ebene Abzweigungen
MA nicht beachten. Auf Kamm Querweg, mit *Gelbstrich* 100 m
OM re, dann re *(alte Rotstrichmarkierung)*. Auf ebenem mit

*blauem Enzian* und *Hotel Berghof* gekennzeichneten Weg geht es nun immer an der Steilkante entlang mit herrlichen Ausblicken. Im ehem. Steinbruch zunächst ger, dann kurz re und in gewohnter Ri weiter. Bald über eine Wiese, kurz mit Fahrweg und wieder ger. Später an Lichtung li und bei einer Schutzhütte li aus dem Wald. Draußen auf Querweg re und nach 400 m li zum Sender. Mit Str kurz li, dann re zum Trafohaus und mit *Rotkreuz* re an Senderanlagen vorbei zur Steilkante. Dort *Ww*, li zur Einkehr im nahen *Hotel Berghof* und ger steil abw zur Einkehr im *Gasthof Goldene Krone* in *Buch*.

# Gasthof Goldene Krone

in Buch, am Fuße des Dillbergs

**(Boucher Wirt) Familie Holzammer**
**8439 Postbauer-Heng, Buch Nr. 38**
**Telefon (09188) 871**

PENSION · FREMDENZIMMER
mit WC und Dusche

- Donnerstags Schlachtschüssel
- Täglich gutbürgerlicher Mittagstisch
- Hausgemachte Wurst in Dosen
- Mittwoch Ruhetag

## Hotel Berghof

**RESTAURANT UND TANZCAFE**
**GROSSE TERRASSE MIT HERRLICHER AUSSICHT**
**AN DEN WOCHENENDEN TANZ MIT LIVE MUSIK**

Unser Restaurant ist täglich geöffnet. Die Küche bietet Ihnen stets Besonderes. Räumlichkeiten bis 150 Personen vorhanden. Nachmittags immer Kaffee und Kuchen.
Für Konferenzen, Schulungen, Tagungen.
Fordern Sie bitte unsere Info-Mappe MANAGEMENT UND BUSINESS an.

**HOTEL BERGHOF, 8439 Dillberg 1, Gemeinde Postbauer-Heng**
**Tel: (09188) 631-633    Fax: (09188) 641**

# Hersbruck – Historischer Altstadtrundgang

**Zeit** – Etwa 2 Stdn.
**Anfahrt** – B 14, Ausfahrt *Hersbruck/Süd*, Ri Stadtmitte.
**Parken** – Großparkplatz *Plärrer*.

● **Geschichte** – Die Eisenstraße Forchheim–Regensburg führte 30 km östlich der heutigen Frankenmetropole Nürnberg mittels einer Furt durch die Pegnitz. Im 9. Jh. ließ ein cleverer Bayernherzog eine Brücke und befestigte Wohnanlagen errichten, um Zoll zu kassieren. 976 wurde die Siedlung mit der Gründung des Klosters Bergen bei Neuburg/Donau genannt. Schon 1057 hatte der Ort Münz-, Markt- und Zollrecht und 1297 Stadtrechte. Von 1504 bis 1806 gehörte Hersbruck zum Territorium der Freien Reichsstadt Nürnberg. Aus dieser Zeit stammen die meisten der beschriebenen Baudenkmäler.

● **Rundgang** – Vom *Plärrer* durch die *Flutbrücke* und re über *Pegnitzbrücke* zum *Wassertor*, dem *Wahrzeichen der Stadt*. Vor der zweiten Brücke li, *Untermühlweg* mit dem Fluß zur *Schloßmühle*, dort re hoch an *Stadtmauerresten* vorbei in den *Schloßhof* **(1)**. Hier wohnte im 14. Jh. der *neuböhmische* und später der *Nürnberger Landpfleger*. Gegenüber das alte *Kastenamt*, heute *Stadtbücherei* und *Verkehrsamt*. Re *Stadtschreiberhaus* und li *ehem. Schloßbräuhaus*. Li herum, Nr. 9, einstige *Deutsche Schule*, dann re an schönen *Fachwerkhäusern* vorbei zur *Stadtkirche*. Chor und Turmuntergeschoß 1444 erbaut (Jahreszahl über Ölberg), Langhaus 1738 barockisiert. Besonders zu beachten: *spätgotischer Kirchenväteraltar* und *Chorfenster* aus dem 14. Jh. Danach li in *Kirchgasse*. Nr. 14, ehem. *Wohnhaus des Kantors* **(2)**. Li Seitengasse Nr. 8, *ältestes Wohnhaus* **(3)**. Aufw, *Unterer Markt* Nr. 18, *Geburtshaus Johannes Scharrer* **(4)**, Schöpfer der *ersten Deutschen Eisenbahn* zwischen *Nürnberg* und *Fürth*. Re in *Martin-Luther-Str*, Nr. 10, *Holzschuher-Haus* **(5)**, Nr. 13, *Nikolaus-Selnecker-Geburtshaus* **(6)**, Gründer des *Thomaner Chores* zu *Leipzig*. Li zum *Rathaus* **(8)**, Grundmauer 13. Jh. Vom *Turmkranz* spielen samstags, 18 Uhr, und sonntags, 10.30 Uhr, die Turmbläser. Im *Gasthof »Roter Hahn«* **(7)** läßt sichs gut Einkehren. *Barocker Hirschbrunnen* (Wappentier). *Hindenburgplatz* 4, schöne *Biedermeier Haustüre*. Oben li das *Nürnberger Tor* **(9)**, schöne Rokoko-Ausleger *Roter Ochse* und *Goldener Stern*. Re ins *Eisenhüttlein*, hier standen früher die Schmelzöfen für Eisenerz. Nr. 7, *ehem. Bäckerei Holzmann* (Wetterfahne), heute *Deutsches Hirtenmuseum* und *Heimatmuseum* mit *Handwerkerstuben* **(10)**. Ger, li *Schwalbenturm*, ehem. Fußgängerdurchlaß. *Mauerweg* Nr. 7, *Fraisturm*

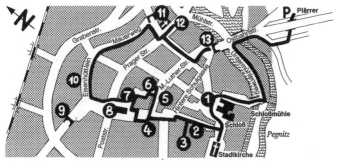

(1. Gefängnis), im Weitergehen Reststück der *Stadtmauer* aus den Jahren 1363 bis 1444. *Spitaltor* **(11)** am *ehem. Bürgerspital*, 1420 gestiftet von *Joh. Polster* für die Armen und Kranken der Stadt. Daneben *St. Elisabeth-Kirche*, 1440 in das Spital gebaut. Gotisch, mit barocker Einrichtung und wertvollem *spätgotischem Flügelaltar.* Re die *Prager Straße*, die Dachnasen an den Häusern verbargen die Holzrolle für den Hopfenaufzug. Li in *Turngasse*, Nr. 12, ehem. *Obere Badstube*, aus dem 14. Jh. **(12)**, Firstmauer wurde 1700 vorgebaut. Jetzt die *Turngasse* wieder hoch, li die *Spitalgasse* abwärts zur Einkehr im *Gasthof »Schwarzer Adler«* **(14)**. Durchs *Wassertor* **(13)** geht es dann zurück zum P.

## GASTHOF UND HOTEL „ROTER HAHN"

Unser Haus liegt direkt am Marktplatz und ca. 28 km von Nürnberg entfernt.

Anfahrt zum Messegelände direkt auf der Autobahn ca. 15 Min.

Parkmöglichkeit vorm Haus und Abstellplätze im Hof sowie Garagen sind vorhanden.

**D. u. F. Mayr**
**8562 Hersbruck Unterer Markt 3 – 5**
**Telefon (0 91 51) 22 73**

## Gasthof „Schwarzer Adler"

**Fam. Klos, Martin-Luther-Str. 26**
**8562 Hersbruck, Tel. 0 91 51/22 31**

Unser alteingeführter Familienbetrieb möchte Sie mit vielerlei Spezialitäten aus Küche und Keller reichlich verwöhnen. In unseren Gästezimmern und gemütl. Speiseräumen werden Sie sich bestimmt wohl fühlen. Der Dachgarten lädt zum Entspannen und Ausruhen ein. Unsere Fremdenzimmer sind größtenteils mit DU/WC ausgestattet. Viele Freizeitmöglichkeiten, Ausgangspunkt für Wanderungen.

## Hersbrucker Schweiz, oberes Pegnitztal

Das obere *Pegnitztal* und das *Hersbrucker Land* — eine Miniaturschweiz, ein Eldorado für Wanderer: Fruchtbare Talniederungen, steinige Hochäcker, waldreiche Jurahänge mit bizarr geformten Kalksteinfelsen, eigentlich ein von zahlreichen Tälern durchschnittenes Hochplateau mit unter Waldmützen versteckten Dolomitkuppen. Auch einen *Gotthardtunnel* gibt es hier, ein 300 m langer Bahntunnel durch den *Gotthardberg* bei *Velden*.
Im Norden grenzt die *Hersbrucker Schweiz* an die weitbekannte *Fränkische Schweiz*, der sie aber landschaftlich kaum nachsteht, im Süden und Osten schließt der *Oberpfälzer Jura* an.
*Hersbruck* mit seinem mittelalterlichen Stadtkern wird gern als Herz dieser Landschaft bezeichnet, die so viele Glanzpunkte als Wanderziele zu bieten hat. Da ist das Wahrzeichen der *Frankenalb*, die ehemalige *Hohenstaufenburg Hohenstein*, die *Hartensteiner Oberberge* mit ihren zahlreichen Höhlen, die Karstlandschaft um *Neuhaus*, die Eichanger im *Hammerbachtal*, das romantische Dörfchen *Alfeld* und die *Burgruine Lichtenstein* bei *Pommelsbrunn*.
Besonders wildromantisch sind: der Lauf der *Pegnitz* bei *Lungsdorf* und das *Ankatal* bei *Rupprechtstegen*, aber auch der *Eibgrat* in der südlichen *Fränkischen Schweiz*.
Auch kulturelle und heimatgeschichtliche Wanderziele gibt es hier »en masse«. Malerische *Patrizierschlösser*, fachwerkreiche Dörfer, Wehrkirchen und Klosterreste erinnern an eine geschichtsträchtige Vergangenheit.
Die *Pegnitz*, das die Landschaft prägende Albflüßchen, vereinigt sich in diesem Gebiet mit fünf den Jura durchschneidenden Bächen. Es ist eine wahre Freude, den flinken Forellen im klaren Quellwasser zuzusehen, aber auch Rotwild gibt es hier nicht nur im Tiergehege.
Nach *Nürnberg* mit seiner sehenswerten Altstadt und seinen zahlreichen Kultureinrichtungen sind es nur 30 km, ein Katzensprung mit der Eisenbahn oder mit dem PKW.
Zahlreiche freundliche Gasthöfe laden zur Einkehr, da gibt es nicht nur den obligatorischen Schweinebraten mit Kloß, ofenfrische Schäuferln, Bratwürste mit Kraut oder einfach Stadtwurst oder Preßsack mit Musik, sondern selbstverständlich auch saisonbedingte Spargel-, Fisch-, Gans- und Wildgerichte.

*Spitalhof in Lauf*

*oben: Ludwig-Donau-Main-Kanal
bei Schwarzenbruck
unten: Kirschblüte bei Schnaittach*

*oben: Rasch bei Altdorf*
*unten: Altdorf — Wallenstein Festspiele*

*oben: Altstadtfest in Hersbruck*
*unten: Osterbrunnen – Fränkisches Brauchtum*

Wie aus dem Bilderbuch: Berge, Wälder, weite Fluren, rankende Hopfengärten — 1.400 km markierte Wanderwege und die bekannt deftige und preiswerte Gastronomie, nicht nur zum Einkehren, auch zum Urlaub-Machen: Hotels, Landgasthöfe, Pensionen, Privatquartiere und Bauernhöfe.

Ihre
**Naherholungslandschaft**
an den Wochenenden
für Kurzausflüge

Ihre
**Urlaubslandschaft**
während des ganzen Jahres.

Reichhaltiges Informationsmaterial über die örtlichen Fremdenverkehrsvereine und vom **VERKEHRSAMT FRANKENALB**
**Waldluststr. 1, 8560 Lauf a. d. Pegnitz Tel. (0 91 23) 79 2 54**

## Fuchsau — Glatzenstein — Gr. Hansgörgl — Fuchsau

▨ ⍐ ▧ ⊞ ⌧ △

**Weg und Zeit** — 12 km — gut 3 Stdn.
**Anfahrt** — B 14 bis *Hersbruck*, dann ca. 1½ km Ri *Hormersdorf*, danach li abzweigen.
**Parken** — Gäste P *Jagdhaus Fuchsau*. Sonst an der Str.
**Charakteristik** — Nach anfänglicher Steigung geruhsame Waldwanderung mit schönen Ausblicken. Glanzpunkt ist die Aussichtskanzel auf dem *Glatzenstein*. Zurück auf schönem Randweg oberhalb der steilabfallenden Westkante des *Fränkischen Albgebirges*.

● **Fuchsau** — Ehem. Jagdhaus, romantisch am Zusammenlauf zweier Bäche gelegener *Gasthof* mit großem Garten.

● **Glatzenstein** — Etwa 70 m senkrecht abfallender Dolomitfels an der *Westl. Albkante* mit geländergesicherter Aussichtskanzel, gegenüber der kurbayerischen Festung *Rothenberg* (ehem. *Wittelsbacher Sechszack-F.*). Mehrere Kletterrouten führen durch die Wand. Auch eine kleine Schlupfhöhle ist vorhanden.

● **Hansgörgl** — Ein mächtiger Gebirgszug, der nördl. von *Hersbruck* mit zwei bewaldeten Dolomitgipfeln endet. Die Aussicht von *Kl* und *Gr Hansgörgl* ist verwachsen.

● **Hersbruck** — Kleinstadt mit über 1 000-jähriger Geschichte, siehe auch Stadtrundgang, vorangehende Tour.

*MA* ● **Anschluß vom Ortskern Hersbruck**: Mit *Rotstrich* durch Bahnsteigunterführung und li über den *Galling*, dann abw
*OM* zum *Sittenbach*. Über die Brücke *ohne Zeichen* re und sofort halbli durch die Felder aufw zur Str. Dort re abw zur *Fuchsau*. Zurück auf gleichem Weg. (Ca. 20 Min länger.)

● **Fuchsau — Kl Hansgörgl — Glatzenstein** — 1½ Stdn — Vom *Jagdhaus Fuchsau* mit [5] Ri *Kühnhofen* zum Wald. Im Wald Gab ger, an Waldwiese vorbei leicht aufw, dann Gab li und bei nächster Gab re auf zunächst ebenem Weg. Nach
*MA* ca. 500 m mit *Rotpunkt* li auf Fahrweg re aufw, Gab re und kurz steil hoch, dann Pfad li aufw. Oben auf Fahrweg re
*OM* um den Gipfelkamm, 2 km bis Asphaltstr. Jetzt (!) *OM* über die Str und ger (*AP*), nach 120 m li aufw durch die Sträucher zur Hochstr. Auf dieser 500 m re, dann kurz mit *Rotpunkt* li und *ohne Zeichen* am Waldrand bleibend (!)
300 m. Jetzt in gew Ri in den Wald und nach ca. 350 m mit
*MA* *Rotstrich* und *Grünpunkt* li aufw zum *Glatzenstein*. Re hinaus auf die Aussichtskanzel, dann zurück zur Buche (*Ww*).

● **Glatzenstein — Gr Hansgörgl — Fuchsau** — gut 1½ Stdn —
Mit *Rotstrich* Ri *Hersbruck* auf schönem Randweg, immer wieder Felder streifend, eine Asphaltstr und einen Fahr-

weg kreuzend, bis nach 2,5 km *Blaukreuz* hinzukommt. Jetzt li hoch, dann auch *Gelbkreuz* und mit allen Z erst re, dann li und wieder re zum *Hansgörgl-Gipfel* (601 m). Abw, *Gelbkreuz* verlassen, mit *Rotstrich* li allmählich abw am *Räuberloch* (Felsenspalt) vorbei. Später auf Fahrweg re und bei Gab re auf Pfad neben Bach weiter. Pfad stößt auf Asphaltstr und mit dieser re weiter, an Anger vorbei. Im unteren Drittel steht eine Eiche mit 6 m Umfang, danach im Straßenknie mit [5] li abw zur gemütlichen Einkehr im *Jagdhaus Fuchsau*. OM

Das idyllisch gelegene Ausflugslokal
## Jagdhaus Fuchsau
Angela Rempt, Fuchsau 1
8562 Hersbruck, Tel. (0 91 51) 61 30

---

Biergarten · Kinderspielplatz

Gut fränkische Küche mit Spezialitäten wie Wild, Karpfen und Forellen · Deftige Brotzeiten

Montag Ruhetag

Anfahrt: Hersbruck — Abzweigung Kühnhofen!

---

### Hersbruck Herz der Frankenalb

staatlich anerkannter Erholungsort. Das 1000jährige Hersbruck mit seinen Stadttoren und Kirchen, malerischen Winkeln und engen Gassen strahlt Gemütlichkeit aus. Für bewegungsfreudige Gäste: das Strudelbad, eines der schönsten beheizten Freibäder Nordbayerns mit einer 60 m langen Wasserrutsche. 20 markierte Wanderwege. Für Kulturinteressierte das einzigartige Deutsche Hirtenmuseum mit Handwerksschau. Liebliche Seitentäler münden hier ins Pegnitztal, wie geschaffen für Spaziergänge und Wanderungen. Die Umgebung ist eines der reizvollsten Mittelgebirge Deutschlands. Von Hersbruck aus wandern Sie in 6 bzw. 7 Tagesrouten durch diese herrliche Landschaft ohne mühevolles Rucksackschleppen.

Info: Städt. Verkehrsamt im Rathaus a. Schloßplatz, Tel: (0 91 51) 47 55

## Oberndorf — Kersbach — Glatzenstein — Oberndorf

◩ ◩ ◩ ◩ ✲ ⌂

**Weg und Zeit** — 9 km — 2½ Stdn.
**Anfahrt** — B 14, Abzw in *Reichenschwand* an Ampel.
**Parken** — [P] *Gasthof zur grünen Eiche* o. Bahnhaltep.
**Charakteristik** — Zunächst durch die der Alb vorgelagerte Hügellandschaft, dann steil hinauf zur ca. 70 m senkrecht aufragenden Felskanzel an der westlichen Albkante. Zurück geht es über die Felder der Albhöhe.

● **Reichenschwand** — Gehörte 1310 den *Herren von Strahlenfels*. Anstelle der Wasserburg auf der *Pegnitzinsel* steht heute ein im neugotischen Stil gebautes *Schloß*. Die nachmaligen Besitzer, *die von Furtenbach*, ließen,1521 die heutige 1754 barockisierte *Kirche* errichten. Im Ortsteil *Oberndorf* steht noch der Renaissance-Giebel eines *Furtenbachschen Schlößchens*.

● **Oberndorf — Kersbach — Glatzenstein** — 1½ Stdn — Mit
MA *Grünstrich* auf Str li neben dem Gasthof aufw, nach 100 m li, *Alter Weg*, und gleich wieder li in den Hohlweg. Auf freier Flur biegt Fahrweg nach li, im Wald re daneben, nach 150 m li mit br Weg kurz aufw, dann re, bei Gab re zum Wald hinaus. Jetzt an Strauchreihe lang, Str (*Blaustrich*) kreuzen und ger im Wald aufw. Dann li, 350 m eben
OM bis Forststr. Jetzt *ohne Zeichen* gegenüber kurz aufw, dann eben auf romantischem Waldpfad ohne merkliche Richtungsänderung. Nach 500 m auf Querweg li abw zur
MA Forststr und mit *Grünstrich* re, Blick zum *Glatzenstein*. Mit nächster Querstr li, schöne Aussicht, hinuter nach *Kersbach*. Geradeaus der *Rothenberg* mit Festung (s. S. 20) und
OM re der *Glatzenstein*. Im Dorf vor Bach *ohne Zeichen* re, *Alter Hof* zur Kirche und li durch den Hof zur *Weißenbacher Str.*
MA Hier kurz re und nach Feuerwehrhaus li *Felsenstr* mit *Grünpunkt*, auch *Rotkreuz*. Auf freiem Feld biegt *Rotkreuz* li ab, mit *Grünpunkt* noch 120 m ger, dann re aufw, Blick zum *Glatzenstein*. Am Wald ger, Pfad aufw. Oben an Wiese re der alte *Kersbacher Hochbehälter* aus dem Jahre 1895. Mit Fahrweg aufw zum Wald, dann li auf br Waldweg stetig steigend. Erst bei dritter Gab li eben zur zinnengekrönten Quellfassung der alten *Kersbacher Wasserversorgung*. Danach re steil hoch, bald kommt *Rotstrich*, und beide Zeichen führen jetzt hinaus zum *Glatzenstein*. Kurz davor Weggab, *Grünpunkt* durch die Felsen ist romantischer. Dann re hinaus auf Aussichtskanzel dieser mächtigen Dolomitfelswand.

● **Glatzenstein — Hansgörgl — Oberndorf** — 1 Std — Zurück

zum *Ww*, mit *Rotstrich* kurz re, dann *ohne Zeichen* li, nach   OM
120 m bei dem Felsbrocken li und nach 100 m re an die
Felder. Zunächst ger am Wald lang, dann durch ein Waldstück und bei kl Fachwerkschupfen endgültig auf die Hochäcker hinaus. Wenige Schritte re, dann li und auf Str li zum *Seeanger*, der kl Weiher li neben der Str gab ihm den Namen. Früher waren diese Wasserstellen auf den kargen Jurahöhen lebenswichtig für Mensch und Tier. Nur 200 m auf Asphalt, dann hinter den Eichen re, mit Fahrweg an dem langgestreckten ehem. Hutanger vorbei bzw. durch.
Am Angerende kurz aufw, dann li mit grasigem Feldweg an Waldparzelle, Feldhecken und Erlenwäldchen vorbei mit herrlicher Aussicht. Nach 400 m auf mit *Gelbkreuz*   MA
markiertem Fahrweg (Verkehrsschild) re aufw, dann leicht abw auf bewaldeten Hansgörglgipfel zu. Nach 500 m Gab, re, im Wald kommen *Rotstrich* und *Blaustrich*, alle führen ger zum *Hansgörgl*. (s. S. 54) Jetzt mit *Blaukreuz* re abw Ri   MW
*Leuzenberg*. Nach 600 m bei Sandsteinfelsen geht es *ohne*   OM
*Markierung* li, *Ww Oberndorf*, zunächst br ebener Weg, dann Hohlweg abwärts. *Gelbpunkt* kreuzt, ger weiter zum Umsetzer am Waldende und am Wasserhochbehälter vorbei nach *Oberndorf. Leuzenberger Str* li und ger in *Blumenstr*, nach 130 m re schmaler Fußweg durch Gärten zur Einkehr im *Gasthof zur grünen Eiche*.

### ~~⊛ Gasthof ⊛~~
### Zur grünen Eiche

Moderne Fremdenzimmer mit Dusche/WC

✳

Gutbürgerliche Küche

✳

Räumlichkeiten für Familienfeiern aller Art

Familie Pleisteiner
Leuzenberger Straße 8 · 8561 Reichenschwand · Telefon (09151)6835
Montag-Freitag ab 15.00 geöffnet.
Samstag u. Sonntag durchgehend.
Dienstag Ruhetag

## Kleedorf — Siglitzberg — Hohenstein — Kirchensittenbach — Aspertshofen — Kleedorf

**Weg und Zeit** — 17 km — 4¼ Stdn.
**Anfahrt** — Von *Hersbruck* oder A 9, Ausf. *Hormersdorf*.
**Parken** — Gäste-Parkplätze beim *Hotel »Zum Alten Schloß«* oder entlang der Dorfstraße.
**Charakteristik** — Nach kurzem steilen Aufstieg abwechslungsreicher Rundweg auf von bewaldeten Dolomitkuppen überragter Albhöhe. Urtümliche Pfade durch herrliche Mischwälder, vorbei an bizarren Felsgruppen. Glanzpunkt: Das auf schroffem senkrecht abfallenden *Dolomit* thronende *Wahrzeichen der Frankenalb*.

● **Kleedorf** (415 m) — Am Südhang gelegenes Dorf mit stattlichen Höfen in waldreicher Umgebung.

● **Hohenstein** (634 m) — Höchster bewohnter Punkt *Mittelfrankens* mit Burg. 976 *Hochstift Bamberg*, später *hohenstaufisch*. *König Konradin* weilte hier vor seiner Hinrichtung 1269. 1504—1806 Pflegamt der *Freien Reichsstadt Nürnberg*. Langes Pflegamtsgebäude der *Unterburg*, dreistöckiger *Kappellenbau* und gleichhoher *Palas* mit Aussichtsaufsatz. An Stelle des *Bergfrieds* ein Glockentürmchen auf Fels. Weitreichende Aussicht zum *Frankenwald, Fichtelgebirge, Bayer. Wald, Hesselberg* und *Steigerwald*.

● **Kirchensittenbach** — Kunstgeschichtlich bedeutsame *Barockkirche, Wehrmauer, Torhaus*. Eindrucksvolles *Renaissanceschloß derer von Tetzel* (heute *Fam. v. Volckamer*).

*MA* ● **Kleedorf — Hohenstein** — 2½ Stdn — Vom Hotel aus steil aufw, *Gelbstrich, Grünkreuz* und *MDWeg*. Mit schönem Blick (re) zu *Riffler Felsen* ger. Am Wald li, dann mit *Gelbstrich* re am Waldrand. Im Wald ger kurz auf Forststr, in Kurve ger abw 100 m, li aufw durch Jungwald. Oben re, dann li (auch *Gelbpunkt*) durch Felsgruppe *Am Alten Schloß*. Danach kurz re und wieder in gewohnter Ri über kl Höhe zu Fahrweg. In Kurve ger, mit Pfad abw über *Str*. Am Wald entlang, dann li, im Wald re (auch *Blaupunkt*) gewundene Pfade zum *Langenstein*, einem großporigen Riffstut-
*MW* zen aus Jurameer. Mit *Blaukreuz* hinter Fels abw, um Akker durch Waldstreifen zu Feldscheunen. Jetzt (auch *Rotpunkt*) li Str an Einöde *Siglitzberg* vorbei. Nach Wald auf Querstr ca. 200 m re, dann li, später re aufw durch herrlichen Mischwald. Bald re abw Blick zur Burg. Str abw, über Umgehung und am Weidezaun entlang aufw zum Dorf.

*MW* ● **Hohenstein — Kirchensittenbach** — 1¼ Stdn — *Grünkreuz/ MDWeg* Ri *Hersbruck*, dann Str Ri *Stöppach* durch Wald, bei Lichtung ger aufw, von Str weg, Fahrweg bald eben.

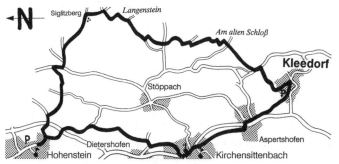

Nach 500 m (!) *ohne Zeichen* auf Hauptweg abw, dann *OM* eben, gewohnte Ri und nach 600 m über kl Lichtung abw, Gab re steil abw. (!) Verebnung bei 5stämmiger Buche, li, eben, kaum begangener Weg in gewohnter Ri, nach 600 m re abw aus Wald nach *Kirchensittenbach*.

● **Kirchensittenbach – Aspertshofen – Kleedorf** – ³/₄ Std – Nach Einkehr im *Gasthaus »Zur Post«* vorbei an *Kirchenburg* und *Schloß*. Re in Auweg, li *An der Schwärz*, über Brücke und li des *Sittenbaches* bis *Aspertshofen*. Über Bach und Str re Ri *Hersbruck* auf Gehweg, 200 m nach Ortsschild li durch Wiesen über Bachlauf und an Feldern vorbei aufw nach *Kleedorf*.

Familie Hans Heberlein

* Restaurant
* Café/Hausgebäck
* Jägerstüberl
* Festsaal
* Konferenzräume
* Biergarten
* Sauna
* Solarium
* Röm. Dampfbad
* Hotellift
* 65 Fremdenbetten
* Parkplätze

8565 Kleedorf 5/bei Hersbruck
Tel. (0 91 51) 60 25, Tx (0 91 51) 60 26

Montag Ruhetag

# Gasthaus „Zur Post„

Bes. Fam. Schütz-Kraus, Hauptstr. 10, 8565 Kirchensittenbach
Tel. 0 91 51/9 46 79

Gutbürgerliche Speisegaststätte im Sittenbachtal.
Fränkische Küche · Schattiger Biergarten · Hausgebäck.

Unsere neu gestalteten Galsträume bieten einen stimmungsvollen Rahmen für große und kleine Feierlichkeiten.
Beliebtes Ausflugsziel für Wanderer in landschaftlich reizvoller Lage.

**Dienstag Ruhetag**

## Alfalter — Am Alten Schloß — Düsselbach — Vorra — Geißkirche — Alfalter

**Weg und Zeit** — 12 km — 3½ Stdn.
**Anfahrt** — B 14, *Hohenstadt*, dann Ri *Neuhaus*.
**Parken** — Gäste-P *Gasthof Stiegler* oder an der Dorfstr.
**Charakteristik** — Beiderseits der *Pegnitz* hat das Jurameer zahlreiche Dolomitfelsen hinterlassen, einige überragen den Wald, andere bleiben versteckt. Dem etwas monotonen Aufstieg folgen reizende Waldpfade zur Felsengruppe *Am Alten Schloß*, Feldwege führen dann nach *Vorra* und jenseits des Tales geht es nochmal aufwärts, dann leiten einsame stille Waldwege zu mehreren schönen Aussichtsfelsen. Zum Abschluß gehts zum Fuß der handförmigen *Rifflerfelsen* mit dem daneben stehenden *Teufelsfinger*.

● **Vorra** — Kirchdorf im *Pegnitztal*, umgeben von felsigen Waldhängen. Zwei Schlösser, heute Schullandheim. Die ehem. bef. *Kirche* birgt eine dreifach gekuppelte spätromanische Rundbogenblende hinter dem Altar.

● **Alfalter — Altes Schloß — Düsselbach — Vorra** — 1½ Stdn —

MA Vom *Gasthof Stiegler* 100 m Ri Ortsmitte, dann mit *Gelbpunkt* li. Auf Teerstr stetig aufw, vorbei an Sandsteinfelsen, alten Eichen und Linden, durch Neuanpflanzungen mit schöner Aussicht. Nach 1 100 m, re ebener Fahrweg, *Ww Vorra*, und nach 120 m Gab, li abw, dann eben, allmählich aufw. Danach zur Rechten Wald. Bei Gab vor Wald: li grasiger Weg aufw, durch Niederwald (!). *Gelbstrich* kommt entgegen. Jetzt mit beiden Z re zur nahen Felsgruppe *Am Alten Schloß*. Danach kurz li abw. Am Acker re, im Wald Ww, (*Gelbstrich* li). *Gelbpunkt* Waldpfad ger abw, nach 600 m Feldweg, in Baumgruppe re und an Scheunen vorbei Ri *Düsselbach*. Mit Teerstr 400 m abw, nach Gärtnerei li, am Weiher vorbei zum Wald, eben weiter. Nach Häusern Gab, oben ger, bald Waldpfad, dann abw auf Str. Unten über Bach und durch die Bahnunterführung zur Einkehr im *Gasthof »Raum«* gegenüber dem *Rathaus*.

● **Vorra — Geißkirche** — 1 Std — Mit *Hauptstr* über *Pegnitz*,
MW nach *Schloß* Ww. Re mit *Blaukreuz*, auch *Grünstrich*, 300 m am Schloßpark entlang. Nach Kindergarten li, *Pfarrbergweg* aufw, nach 50 m re, *Eschenbacher Weg*, zum Wald. Zunächst eben, nach Graben (!), mit *Blaukreuz* li steil aufw und re zur *Düsselbacher Wand*. Drei *AP* gibt es hier, dann geht es li (nicht abw) durch zeitweise dichten Wald aufw.
MW Auf Kamm ger 20 m abw. (!) Jetzt mit *Rotringmarkierung* re, *Ww Eschenbach*. Nächste Gab re, dann li und wieder re, *Ww Eschenb*. Durch Laubwald hinter Felskuppe vorbei,

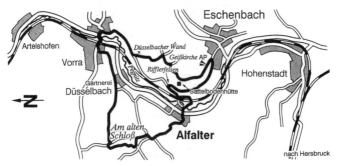

bald Nadelwald, li oben Felsen (Hütte) und 250 m später kurz li, dann re, *Ww Eschenbach/Geißkirche*. Nach 300 m re die *Aussichtskanzel Geißkirche*.
● **Geißkirche—Riffler Fels—Alfalter**—1 Std—Danach steil abw auf Felsgrat, dann am Acker entlang und 100 m mit Fahrweg abw. (!) Dort mit *Grünstrich* re ab durch märchen- *MW* haft schönen Wald mit bemoosten Felsbrocken. Vorbei an *Almrauschhütte* und *Mirakelbrunnen* zu den *Riffler Felsen*. (!) 200 m danach *ohne Z* scharf li abw, unten mit Bahn, *OM* dann mit *Gelbpunkt* re drüber nach *Alfalter* und li zur Ein- *MA* kehr im *Gasthof Stiegler*.

### Gasthof-Pension H. Stiegler
**Haus-Nr. 32, 8561 Vorra-Alfalter**
**Tel (0 91 52) 81 67**

Komfortabel ausgestattete Zimmer. Bei uns können Sie hervorragend essen, gemütliche Stunden verbringen, Feste feiern oder einen geruhsamen Urlaub in landschaftlich reizvoller Umgebung verleben.
Unsere Küche bietet fränkische Gerichte, Wildspezialitäten aus eigenem Revier und internationale Speisen.

Separater Nebenraum für ca. 65 Personen,
insgesamt ca. 90 Sitzplätze
Montag + Dienstag Ruhetag

## *Gasthof „Raum"*
*R. Dörr*
*Stöppacher Straße 6*
*8561 VORRA*
*Telefon (0 91 52) 81 57*

Familienfreundliches Haus in zentraler Lage. Übernachtung mit Frühstück, Voll- und Halbpension. Zimmer mit Dusche/WC. Gemütliche, rustikale Garträume. Separater Aufenthaltsraum mit TV. Südwest-Balkon (mit Liegestühlen). Fränkische Spezialitäten aus eigener Hausschlachtung. Bekannt gute Fleisch- und Wurstwaren, auch Dosen zum Mitnehmen. Wir führen für kleine Gruppen auch Rundfahrten in die Umgebung durch. Abholung auch von Berlin oder Nürnberg.
Sitzplätze: Garträume ca. 70
+ Nebenraum ca. 75 Personen.

## Vorra — Birg — Hohlleite — Langer Stein — Siglitzberg — Enzendorf — Artelshofen — Vorra

◩ ◪ ◭ ◩ ✳ △

**Weg und Zeit** — 10,5 km — $2^{3}/_{4}$ Stdn.
**Anfahrt** — B 14 bis *Hohenstadt*, dann Ri *Neuhaus*.
**Parken** — In *Vorra, Stöppacher Str* oder an der *Kirche*.
**Charakteristik** — Die von vielen Tälern durchschnittene Albhochfläche krönen zahlreiche bewaldete Dolomitgipfel. Drei versteckte Felsberge werden hier besucht.

● **Artelshofen** — Alter Nürnberger Herrensitz, heute noch im Besitz der Familie *von Holzschuh,* Wassergraben des einstigen Wasserschlosses ist aufgefüllt, die Mauer mit runden Ecktürmchen umschließt heute noch die Anlage.

● **Vorra — Hohlleite — Langer Stein — Siglitzberg** — $1^{1}/_{4}$ Stdn
MA — Mit *Blaukreuz (Gelbpunkt)* in *Stöppacher Str*, durch die Bahn und aufw. Li über Bach, *Birgstr* aufw. Am Wald re,
OM nach 150 m li *OM* aufw am Wbh vorbei und bei Gab re, vor neuem Wbh li, dann in Serpentinen aufw zu den Felsen und durch felsigen Wald zum *Pavillon* des ehem. Schloßbesitzers. Jetzt auf ebenem br Weg ger, nach 500 m macht der Fahrweg eine Linksbiegung, (!) hier ger, dann leicht re und in gewohnter Ri abw durch schönen Wald. Am Wald-
MA ende mit Str 80 m li, dann mit *Blaukreuz* re aufw durch die Eichen, bei Gab ger an Feldscheunen auf freies Feld mit schönem Rundblick. Vor den Fichten li an Scheune vorbei und aufw durch Wald mit viel Strauchwerk. Auf der Höhe ragt li ein klotziger Felsgipfel mit mehreren kl Höhlungen auf, die *Hohlleite*. Ger weiter, bald li, dann re aufw durch Jungfichten zum *Langen Stein*, einem grobporigen, gern besuchten Kletterfels. Hinter dem Fels absteigen (auch *Gelbstrich* und *Blaupunkt*) unten li zum Acker. Diesen re umgehen, mit Fahrweg li und re durch Waldstreifen zu drei Feldscheunen. Hier Querweg li (*Gelbstrich* re) durch Wald und re auf Einzelhof *Siglitzberg* zu.

● **Siglitzberg — Enzendorf — Artelshofen** — 1 Std — In Kurve
MW vor dem Gehöft mit *Blaupunkt* re und am Wald li kurz aufw, dann mit herrlicher Aussicht abw, mit Fahrweg an Feldscheune vorbei, dann re wie Stromleitung. Blick zu *Student* und *Nadel*, zwei Kletterfelsen im *Pegnitztal*. Beim *Kohlhof* abw, hinunter nach *Enzendorf*. An Dorflinde mit
MW *Gelbpunkt* re, vor Wald Gab re und nach 60 m li mit Waldfahrweg aufw. Oben an Acker re, dann li durch und am Waldrand entlang. Im Eck li, 50 m mit Waldrand, dann re Waldpfad steil abw (rutschig!). Der Pfad ebnet sich, immer ger durch Hochwald, nach 400 m kurz li, dann Gab, unterer Weg ger. Später Fahrweg ger und in Linkskehre ger

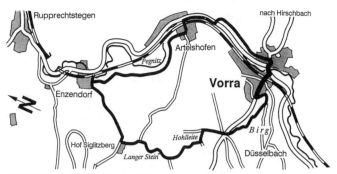

Waldpfad aufw. Oben Wohngebiet, eben bis Altenheim, dann li abw und mit Str durch Bahn, an Schloßmauer entlang und über die *Pegnitz* zur gemütlichen Rast im *Landgasthof »Beim Pechwirt« (Brunner), ehem. Pechhütte*.
● **Artelshofen – Vorra** - $\frac{1}{2}$ Std – Vom Gasthaus über *Pegnitz*, an Schloßmauer li. Re zwischen den Häusern versteckt sich das Kirchlein, li steht die Mühle. Draußen geht es *ohne Z* li über den *Pegnitzsteg*, danach über die Str den *Wildreutweg* aufw. Im Wald re auf oberem Weg. Mit *Grünstrich* auf schönem Waldweg nach *Vorra*. Re um den Friedhof, dann re, zur Einkehr im *Landgasthof »Zur goldenen Krone«*.

OM MA

## *Landgasthaus*
### „Beim Bechwirt"

*Inh. Erhard Brunner*
*Artelshofen 2, 8561 Vorra im Pegnitztal*
*Tel. (09152) 8555*

---

Das Haus der gepflegten Gastlichkeit
Gutbürgerliche Küche – Hausmacher Brotzeiten
Bauernschinken, Räucher- und
Dosenwurstwaren auch zum Mitnehmen
Ruhetag: Montag und Mittwoch jeweils ab 13.30 Uhr

---

### Landgasthof und Hotel
### „ZUR GOLDENEN KRONE"

Für eine kurze Rast oder einen längeren Aufenthalt bietet unser traditioneller Landgasthof und Hotel persönliche Atmosphäre und Behaglichkeit.

Das Nebenzimmer bietet sich für Tagungen, Seminare oder Familienfeiern an. Im Sommer lädt ein ausgedehnter, ruhig gelegener Biergarten hinter dem Gasthof zum Verweilen ein. Älterer Linden- und Kastanienbestand sorgt für angenehmen Schatten.
Für Eltern und Kinder ideal.
Geräumige Fremdenzimmer Du/WC auf Wunsch TV.
Hausgemachter Kuchen.

Auf Ihren Besuch freuen sich Renate SIEBER und ihre Mitarbeiter
Montag Ruhetag
8561 Vorra, Hirschbacher Str. 1, Tel: (09152) 8140

## Vorra — Falkenberg — Großmeinfeld — Vorra

◩ ◪ ◼ ◔ ▩ ⌂ ⌧ ⌒

**Weg und Zeit** — 9 km — 2½ Stdn.
**Anfahrt** — B 14 bis *Hohenstadt*, dann Ri *Neuhaus*.
**Parken** — In *Vorra, Stöppacher Str* oder *Hirschbacher Str.*
**Charakteristik** — Stille Waldpfade zu tollen *AP*.

● **Vorra — Falkenberg — Großmeinfeld** — 1½ Stdn — Vor Kir-
*MA* che mit *Grünstrich* li um Friedhofsmauer, (!) am *Leichen-*
*OM* *haus ohne Zeichen* ger aufw. Bei Trafo Str noch 100 m aufw
dann li *Oberer Höhenweg*. Gab li, nach 300 m re aufw [*3*] ger
durch Wald. Nach 600 m Gab, ger [*3*] Pfad. Nach 60 m mit
*MA* *Grünstrich* re auf unterem Weg. Nach 250 m mit [*3*] li, dann
*OM* re ebener Fahrweg. In Rechtskurve mit [*3*] ger in Graben-
mulde und aufw. Oben am Waldrand li, dann re (schöner
Ausblick), unterhalb der Felder durch Wald. Auf Schotter-
*MA* str *ohne Z* 60 m aufw, dann li mit *Rotring* und *Grünem N*
zum [P] oberhalb *NF-Haus*. An Schranke abw und sofort
*OM* re aufw. Auf Grat li durch Jungwald. *Kinder festhalten!*
Nach 120 m vorsichtig li zum Aussichtsfelsen. Auf glei-
*MA* chem Weg zurück zum Acker und mit allen drei *Z* li aufw
und li durch Wald und Felder zur Str. Str 350 m aufw. An
*MW* Verebnung mit *Rotring* re durch Wald abw, vor Acker li, un-
ter Ü-Ltg. durch, 200 m eben, dann li über Waldkamm und
re durch Felder bis *Großmeinfeld*.

*MW* ● **Großmeinfeld — Vorra** — 1 Std — In Ortsmitte mit *Rot- u.
Grünpunkt* re, nach 150 m mit *Rotpunkt* re aufw um Feld-
scheune und li durch Felder. Wald aufw, bald ebener Pfad.
*MW* Acker li umgehen, im Wald mit *Grünstrich* re, *Ww Vorra*,
Gab li abw, am Acker li. Gab unter Ü-Ltg., re, dann li und
bei nächster Gab li gleich re. Am Acker Querweg, jetzt
*OM* *ohne Z* li eben neben Acker, drüben leicht re, dann aufw
durch Wald und abw ger in Feldflur. (!) 20 m nach letzter
Föhre re abw und li aufw zum oberen Acker. Hier am Wald-
*MA* rand entlang, re herum und am Ackerende mit alter *Grün-
punktmarkierung* li in den Wald. Auf ebenem Querweg re,
dann 300 m schmaler Trampelpfad ger durch Steilhang an
mehreren Felsgruppen vorbei. Bei gr Höhle schräg zum
Hang abw, an Steilkante li eben durch Jungfichten. Nach
100 m kurz abw und parallel mit der li durchschimmern-
den Ackerlichtung. Unten an Steilstufe li, noch parallel
zum Acker, dann steil aufw. Oben an Steilkante entlang
zum nahen *Wachtfels* mit herrlicher Aussicht. *Kinder festhalten!* Zurück in den Wald und ger am Fernsehumsetzer
vorbei durch Felder. Nach 400 m re abw durch Feldhecken
*MW* und mit dem Fahrweg *Grünpunkt* und *Gelbkreuz* abw nach
*Vorra* zur Einkehr im *Stiegler's Hotel* »Rotes Roß«.

## Stiegler's Hotel ROTES ROSS

40 Betten, alle Zimmer mit Telefon und TV. Komfortable Appartements mit Dusche, Bad und WC. Parkplätze, Garagen und schattiger Garten. Eine Küche von Ruf, die außer fränkischen Spezialitäten auch internationale Gerichte anbietet.

*Eigene Metzgerei und Konditorei
8561 VORRA im Pegnitztal
Tel. (09152) 8026
oder (09152) 8027*

## Fremdenverkehrsverein e.V.
## VORRA / Pegnitztal

Gemütlich fränkisch präsentiert sich der Ort Vorra (370-400 M. NN) mit seinen drei Gemeindeteilen **Alfalter, Artelshofen** u. **Düsselbach.**
Die Orte liegen im reizvollsten und romantischsten Abschnitt des mittleren Pegnitztales.
Wandermöglichkeiten auf ca. 80 Kilometer gut markierten Wanderwegen des „FAV", oder zu beiden Seiten der Pegnitz mit ihrem klaren Forellenwasser.
Auch **Paddler und Kanufahrer** haben den ungezähmten Flußlauf schon längst ins Herz geschlossen.
Beliebte Ausflugsziele erschließen die weitere Umgebung, wie die Festspielstadt Bayreuth und Frankens Metropole Nürnberg.
Teilnahmemöglichkeit der Gäste an dem vielfältigen Angebot der örtlichen Vereine.
Ferner zwei **Tennisplätze** in Vorra. **Fahrradverleih.**
Unsere stilvoll eingerichteten Gasthöfe sorgen mit fränkischen Spezialitäten und erlesenen Getränken für Ihr leibliches Wohl und für einen angenehmen Aufenthalt.
Wir freuen uns auf Ihren Besuch!
**Info: Rathaus Vorra
– Abteilung Fremdenverkehr –
8561 Vorra, Tel. (09152) 8124, 8526**

## Velden — Geislochhöhle — Münzinghof — Rupprechtstegen — Lungsdorf — Velden

🗻 ⛰ 🧗 🏔 📐 ✳ ⌂

**Weg und Zeit** — 13 km — 3½ Stdn.
**Anfahrt** — B 14 bis *Hohenstadt*, dann Ri *Neuhaus* durch das *Pegnitztal* oder A 9, Ausf *Plech*, über *Viehhofen*.
**Parken** — Gäste-P *Restaurant „Zum Fischkutter" „Eckartsberg"* oder auf öffentlichem P daneben.
**Charakteristik** — Diese Route begeistert von Anfang an, abenteuerliche Steige, reizvolle Pfade, aussichtsreiche Höhen- und geruhsame Wald- und Talwege wechseln. Dabei werden zwei verschiedenartige Höhlen und wildromantische Trockentäler kennengelernt.

● **Velden — Geislochhöhle —** 1¼ Stdn — Vom P zur Tank-
MA stelle und danach li über die *Pegnitz*, kurz li und mit *Blaukreuz* die Treppen aufw am Denkmal vorbei. Nach 300 m li aufw, auch *Grünstrich* und *Gelbpunkt*. An Wiese Gab re aufw zwischen *Tennis- und Fußballplatz* durch. Dann von
MW re *Grünring*—markierter *Lehrpfad*. Ger, später kurz li aufw und dann br Weg auf Albhochfläche. Nach der Senke mit *Grünring* re (*Blaukreuz* li) und nach 80 m scharf li um die alte *Rotbuche* aufw, auch *Blaustrich* und *Rotring*. Oben ger, 300 m durch Feldhecken, dann li durch Wald abw ins *Kipfental*. Auf br Weg re, nach 100 m Gab, mit *Grünring* re
MW 800 m dem Talverlauf folgen. Dann *Rotpunkt* von re, mit dieser Markierung zunächst ger, dann auf Fahrweg li *Ww Geislochhöhle*, bei Gab re aufw und nach 250 m re vom Fahrweg weg. Am Wald li durch die Wiese, im Wald weiter. Der gut markierte Weg windet sich kaum spürbar aufw, die 100 m vor der *Geislochhöhle* sind steil. Kann mit Licht besucht werden, nicht im Winter!

● **Geislochhöhle — Münzinghof — Rupprechtstegen —**
MW 1¼ Stdn — Oberhalb der Höhle mit *Rotring* li, *Ww Velden*, nach 130 m wieder li eben durch schönen Wald, dann Fahrweg li, *Ww*. Nach 250 m Waldende, schöner Blick re zur *Burg Hohenstein*. Vor *Gräberfeld* Gab, ger durch dichten Jungwald, Querweg, auch *Gelbkreuz*, li, mit bezauberndem Rundblick, re Ri *Münzinghof*. Vor Gutshof li durch Al-
MW lee und mit *Gelbkreuz* auf Str re durch Wald, nach Wiese li von Str weg, Gab li, später re durch schönen Wald. An Wiese Fahrweg (auch *Blaukreuz*) re. (!) Markierter Abstieg
OM gefährlich, deshalb *ohne Zeichen* mit Fahrweg abw und
MA nach 250 m li. Im Tal mit *Rotkreuz* und *Grünstrich* li zum Wald. Gr Höhle, *Andreaskirche*, Treffpunkt erster Christen. Ger, nach 350 m mit allen *Zeichen* re durch wildromantisches *Ankatal*.

● **Rupprechtstegen — Lungsdorf — Velden** — 1 Std — Über Str und Fluß, dann li mit *Grünstrich* durch das schöne *Pegnitztal* am *Roten Fels* vorbei nach *Lungsdorf*. Mit Str re und vor *Gasthof Sonnenburg* li aufw. Zunächst aber lädt der Gasthof zur Einkehr. Oben Gab li, Weißjurahang, und dann re durch Kiefern aufw. Wiese re umgehen, bekannter Weg, ger mit *Grünstrich* weiter bis zur Str, dort abw. Vor dem Stadttor re durch *Mühlgasse* zur *Pegnitz* und über Steg zur Einkehr im *Restaurant »Zum Fischkutter« »Eckartsberg«*. OM

## Restaurant
# »Zum Fischkutter«
### im Gasthof Eckartsberg
**Nürnberger Str. 19 · 8564 Velden**
**Erika und Peter Schulz · Tel. (0 91 52) 71 26**

**Fischspezialitäten-Küche**
mit regelmäßig frischen See- und Flußfischen, regelmäßig frisch geräucherte Forellen auch zum Mitnehmen.
Fremdenzimmer, 2 Bundeskegelbahnen, öffentliche Sauna und Biergarten.

**Donnerstag Ruhetag**

## Gasthof Sonnenburg

Bekannt für gute u. preiswerte Steaks und frische Salate. Ständig frische Seefischspezialitäten. Holzofenbrot. Brotzeitgerichte aus eigener Hausschlachtung.

Ab März Planwagenfahrten und Reitbetrieb, jeden Samstag Tanz. Zelten und Camping auf eigenem Platz, direkt an der Pegnitz.

**Inh. Siegfried Ziemann**
**8564 Lungsdorf**
zwischen Rupprechtstegen u. Velden
**Telefon (0 91 52) 12 90**
**Telefax (0 91 52) 75 95**

## Velden — Petershöhle — Hainkirche — Fechtershöhle — Grünreuth — Hartenstein — Velden

◾ ▫ 🚶 🏰 ✝ △

**Weg und Zeit** — 10 km — 3 Stdn.
**Anfahrt** — *Pegnitztalstr* oder A 9, Ausfahrt *Plech*.
**Parken** — Bei *Kirche* oder Ri *Neuhaus* (nach Bahnbrücke).
**Charakteristik** — Nicht immer bequeme, abwechslungsreiche Route durch die herrlichen Mischwälder der felsen- und höhlenreichen *Hartensteiner Oberberge*.

● **Velden** — Kl Stadt an Pegnitzschleife, an Bahn *Nürnberg — Bayreuth*, umgeben von Waldhängen mit bizarren Felsen. Wenige Reste ehem. Stadtbefestigung, da im 2. Weltkrieg stark zerstört, *Kirche* mit sehenswertem *Marienaltar*.

● **Der Rundweg** — bei Kirche in *Bahnhofsstr*, nach 120 m
OM re, *Ww Insel*. Über die *Pegnitzinsel* zum anderen Ufer und li
MA mit Pfad neben Fluß. Bei Steg mit *Blaustrich* (auch *Gelbkreuz* u. *Grünstrich*) re den Steig hoch. Oben li, nach 500 m am Ackerende (Grünstrich re) ger abw, Ww *Petershöhle*. Unten, vor Ackerende re über kl Anhöhe zur Forststr. Jetzt li 200 m, dann 200 m re aufw. An Kreuzung (*Gelbkreuz* ger) re (auch *Blaupunkt*), Ww, um Felsberg und nach 250 m li Steig aufw zur Tafel. Zur *Petershöhle* am Geländer li abw. Oberhalb mit *Blaustrich* bei Bank durch die Felsen
MW und 600 m mit diesem Felsgrat. Dann br Querweg, mit *Rotpunkt* und [5] kurz li, dann re abw. Nach 150 m re oben
OM die *Hainkirchenhöhle*. Weiter abw [5] auf Fahrweg, unten *ohne Z* re durch Sträucher bis Str. Str 100 m li, am Waldrand re aufw, im Wald 50 m ohne Weg re auf kl Hang ger. Dann br Waldweg ger, re aufw zur *Fechtershöhle*. Wieder unten, ger zur Str und aufw nach *Grünreuth*. Einkehr im
MA *Gasthaus »Zum Grünreuther Schlößl«*. Mit *Grünkreuz* hinter dem Gasthaus re abw, li durch Obstbäume zum Wald. Am Waldrand abw, dann li hinter langem Felsberg auf schönem Waldpfad allmählich re zum Wald hinaus und re.
MW Mit Teerweg aufw, kurz vor Str scharf re mit *Blaustrich*
MW *Kreuzweg* aufw. Gab li aufw, oben mit *Grünkreuz* und *Rot-*
OM *punkt* li Pfad hinunter nach *Hartenstein*. Str 20 m re, dann li aufw und abw. Untere Str li, nach 100 m dann re schmaler Weg zur Einkehr im *Landgasthof »Goldenes Lamm«*.
MA Mit *Grünstrich* Str abw, unten re *Salzlecke*, Ww *Jugendherberge*. Unterhalb li, nach 100 m Gab li, bei nächster Gab re aufw durch Felsen, abw. Hauptweg weiter. Nach Felsen mit Kruzifix abw zum Acker und auf bekanntem Weg bis *Velden*, zur Einkehr im *»Gasthof Krone«*.

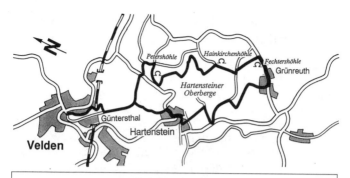

## GASTHAUS
## „Zum Grünreuther Schlößl"
### Inh. Fritz Uebler
### 8564 GRÜNREUTH
Gemeinde Hartenstein, Tel. (09152) 572

Gemütlich-rustikales Lokal für 100 Personen.
Eigene Hausschlachtungen,
hausgemachte Kuchen und Torten.
Fränkische Küche. Gepflegte Biere.
Busse willkommen.
**Wir freuen uns auf Ihren Besuch!**

### Landgasthof »Goldenes Lamm«

**Familie Rauh
8564 Hartenstein Frankenalb
Hauptstraße 11
Telefon (09152) 1293**

**Ausgangspunkt reizvoller Wanderwege**

Die bekannt gute Küche (Preisträger beim Wettbewerb „Bayrische Küche")
und die eigene Metzgerei sorgen für das leibliche Wohl unserer Gäste.
Menüauswahl bei Vollpension.
Gemütliche Atmosphäre – gepaart mit modernem Komfort.

**METZGEREI**

8564 Velden
Marktplatz 4 · Telefon (09152) 7127
Familie Funk

Kleiner, familiär geführter Metzgereigasthof im Ortskern des
1100 Jahre alten Velden. Moderne Fremdenzimmer mit Dusche,
WC und TV. Feine gutbürgerliche und vegetarische Küche. Bekannt gute Wurst- und Schinkenspezialitäten. Saal für 100 Personen.

**Donnerstag Ruhetag**

## Neuhaus — Mysteriengrotte — Schlieraukapelle — Maximiliansgrotte — Krottensee — Neuhaus

**Weg und Zeit** — 14 km — $3\frac{1}{2}$ Stdn.
**Anfahrt** — A 3, Ausf. *Plech*. Oder durchs *Pegnitztal*.
**Parken** — P *Gasthof-Pension Wolfsberg* o. am Bhf.
**Charakteristik** — Reizvolle stille Wege führen durch ein karstkundlich und heimatgeschichtlich sehr interessantes Gebiet mit herrlichen Mischwäldern. Zunächst geht es ein Stück auf dem *Karstkundlichen Pfad* in den *Königsteiner Forst* und dann über *Krottensee* zurück.

● **Doline** — Eine meist trichterförmige Wanne, die durch Einbruch eines unterirdischen Hohlraumes entstanden ist. Sehr oft befindet sich an ihrer tiefsten Stelle eine Öffnung, ein *Ponor*, in der das Oberflächenwasser verschwindet, um in tiefere Lagen als *Karstquelle* wieder an die Oberfläche zu gelangen.

● **Neuhaus** — Es liegt zu Füßen der *Burg Veldenstein* im oberen *Pegnitztal*. Der Ort wurde erstmals 1008 erwähnt. Die Burg auf dem den Ort überragenden Felsberg gleicht einer Festung. Die *Barockkirche* mit sehenswerter Innenausstattung wurde 1765 errichtet.

● **Mysteriengrotte** — Felsenhalle mit Resten eines Kalkanstrichs und dunklen Flecken (Blutspritzer). Unterhalb der *Eichelgartenponor*, in dem zur Schneeschmelze oder nach starken Regengüssen das Wasser verschwindet.

● **Maximiliansgrotte** — Schauhöhle, ca. 1 km langer Rundgang bis 70 m Tiefe mit größtem Tropfstein Deutschlands, dem $5\frac{1}{2}$ m hohen *Eisberg*. Geöffnet von April bis Oktober.

● **Krottensee** — Ein altes Straßendorf auf der Hochfläche östl. von *Neuhaus*. Im spanischen Erbfolgekrieg fand hier 1703 eine Schlacht zwischen fränkischen und bayerischen Truppen statt, wobei es über 500 Tote und Verletzte gab, und das Dorf total zerstört wurde.

*MA* ● **Neuhaus — Mysteriengrotte — Schlieraukapelle — Rehberg** — $1\frac{1}{2}$ Stdn — Ab Bhf. mit *Grünpunkt* Ri *Auerbach*, nach Pegnitzbrücke re abw mit Fluß zum Quellbrunnen an Felswand. Vom Gäste-P des *Gasthofs Wolfsberg* Steig abw zu genanntem Quellbrunnen. Jetzt auf Pfad neben Fluß weiter über Quellen, durch Gärten, bei Gab unten, an Weihern vorbei, später Str kreuzen und ger an Marterl vorbei ins Seitental. *Grün- und Blaupunkt* führen in Windungen durch den *Feilersgrund*. Nach 1,5 km Gab an Wegetafel, mit *Grünpunkt* li durch Wald und am Feldflurende li in den Wald zur *Mysteriengrotte* mit *Eichelgartenponor*. Durch schönen Wald weiter zur Str *Neuhaus — Königstein*.

Jetzt (auch *Rotkreuz*) mit Str kurz li, dann Weg re aufw zum Wald, über bewaldeten Kamm und abw in Mulde zur *Schlieraukapelle*. Hier mit *Gelbpunkt* re Ri *Königstein* all- *MW* mählich aufw und im Wald auf Fahrweg ger zum *Brändelberg*, einem mächtigen Fels. Jetzt (auch *Blaupunkt*), Fels re lassend, aufw. Nach Waldwiese li durch Wald aufw zum *Kruzifix* und li auf mit Geländer gesichertem Pfad hinauf zum *AP Rehberg*.

● **Rehberg – Maximiliansgrotte – Krottensee – Neuhaus –** 2 Stdn – Abw zum Jägersteig und re zur Steilkante mit schönem Ausblick. Li aus dem Wald und an Sträucher- *MW* reihe entlang zum Fahrweg. Ab hier mit *Gelbkreuz* li auf bequemem abwechslungsreichen Weg durch schönen Mischwald mit vielen Felsen zum 40 Min entfernten Waldrand oberhalb der *Schlieraukapelle*. Kurz vor Waldende *MW* mit *Grünpunkt* re aufw und li an Felsloch vorbei abw zur *MW* Hütte an *Maximiliansgrotte*. Jetzt mit *Rotkreuz* und *Gelbstrich* li am *Höhleneingang* vorbei, zunächst oberhalb der Str li herum, dann zur Str und auf Fußweg daneben abw nach *Krottensee*. Re durch das Dorf und nach 300 m, hinter dem *Kriegerdenkmal*, li auf die freie Flur und re. Im neuen Wohngebiet li durch Geländefalte abw nach *Neuhaus*. Vor Bahnunterführung den *Postheimweg* li hoch zur Einkehr im *Gasthof-Pension Wolfsberg*.

 Gasthof-Pension 𝖂𝖔𝖑𝖋𝖘𝖇𝖊𝖗𝖌

H. u. F. Wolf
8574 Neuhaus/Pegn., Postheimstraße 14
Tel. (09156) 207

Die Gastlichkeit wird seit über 40 Jahren gepflegt, wir verfügen über 39 Betten, die Zimmer sind mit Dusche und WC ausgestattet. Die Gaststube und die Nebenräume eignen sich ausgezeichnet für Tagungen, Hochzeiten und andere Festlichkeiten. Die ruhige und beschauliche Lage unserer Gaststätte auf einem Felsen oberhalb der Pegnitz garantiert erholsame Tage.
Auf ihren Besuch freuen sich die *„Wölfe"*

## Mosenberg — Vogelherdgrotte — Krottensee — Neuhaus — Hammerschrott — Mosenberg

🝆 ▣ 〽 ◪ ◠

**Weg und Zeit** — 12 km — 3 Stdn.
**Anfahrt** — *Pegnitztalstr* bis *Ranna*, dort Abzw. A 9, Ausf. *Plech*, nach *Bernheck* und durch den Forst Ri *Ranna*.
**Parken** — Am *Bahnhof* oder [P] *Gasthof zum Bahnhof*.
**Charakteristik** — Felsen- und höhlenreich ist der Forst zwischen *Neuhaus* und *Königstein*. Entsprechend abwechslungsreich aber zeitweilig beschwerlich sind hier die Wanderwege. Glanzpunkte: der turmförmige über 50 m hohe *Rabenfels* u. der mächtige Felsentunnel »*Vogelherdgrotte*«.

- **Mosenberg** — Ortsteil von *Neuhaus*, liegt am waldreichen *Veldensteiner Forst*, rechts der *Pegnitz*, an der Bahnlinie *Nürnberg — Bayreuth* und der Str nach *Auerbach*.
- **Ranna**, li der *Pegnitz*, liegt schon in der *Oberpfalz*.
- **Mosenberg — Ranna — Rabenfels — Vogelherdgrotte** —

*MA* 1½ Stdn — Mit *Rotpunkt* neben der Str Ri *Ranna* über die drei Brücken. Dann re *Carl-Bauer-Str* und nach Wohngebiet mit Fußweg zur Str. Auf dieser 70 m re, dann li zum Wald. Jetzt re, 500 m am Waldrand entlang, dann mit Foststr li, bald aufw bis Abzw, dann abw, *Ww Sackdilling*.

*OM* Unten am Acker li mit *IVV 9* (*Rotpunkt* ger), 700 m auf Foststr durch Wald zum *Rabenfels*, einem mächtigen Felsturm mit vorragendem Aufsatz. Hinter dem Fels kann man li aufw und gleich wieder li, *Ww*, zur *Schutzhütte am Rabenfels*. Wieder unten, geht es in vorheriger Ri noch
*MA* etwa 150 m, dann (!) re mit *Rotkreuz* steil aufw durch dunklen Wald über den *Schlawackenberg*. Dabei werden ohne merkliche Richtungsänderung zwei Forstr gekreuzt. An
*MW* der 3. Forststr kommt *Grünpunkt* dazu, und es geht halbre, dann li steil hoch und oben durch den riesigen Felstunnel der *Vogelherdgrotte*.

- **Vogelherdgrotte — Krottensee — Neuhaus** — ¾ Std — Mit *Grünpunkt* (*Rotpunkt* li ab) ger an Felswand entlang zum Wald hinaus und durch die Felder zur Teerstr. Mit Str re
*OM* 600 m Ri *Krottensee*, dann *ohne Zeichen* re abw durch Trockengraswiese und mit Fahrweg abw in Mulde und aufw zum rechten Ortsteil des Straßendorfes *Krottensee*. Oben Hauptstr schräg nach re kreuzen und mit *IVV 3* Ri *Neuhaus* neben dem Bungalow hinaus und re zum Neuhauser Wohngebiet.

- **Neuhaus — Hammerschrott — Mosenberg** — ¾ Std — Auf der oberen Str *ohne Zeichen* an Siedlung vorbei und bei der Gab re abw, parallel mit der Stromleitung auf die Baumgruppe zu. Unten li zur Talstr und mit schönem

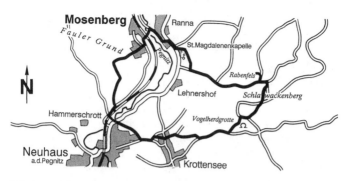

Blick zur *Burg Veldenstein* auf Str 100 m li. Dann mit *Rot- MA punkt* re über die *Pegnitz* nach *Hammerschrott*, re durch das Dorf und li über die Bahn. Drüben li weg, um die Tannen und bei Gab re durch Felder abw in Senke und dann im Wald aufw. Später stets am Waldrand entlang wieder in eine Mulde und aufw. Am ersten Wochenendgrundstück mit Fahrweg 50 m am Waldrand weiter und dann re am Waldrand entlang und auf Höhenzunge zum nahen Ort. Bald abw an Wildgehege vorbei und unten li, dann re durch Bahnunterführung, am Kinderspielplatz vorbei zur Einkehr im *Gasthof zum Bahnhof* in *Mosenberg*.

### Gasthof zum Bahnhof

Ein Haus am Naturpark Veldensteiner Forst, von der Autobahn Nürnberg-Berlin, Ausfahrt Plech in 7 Minuten zu erreichen.

- Gutbürgerliche Küche
- Hausschlachtungen
- Lokal für Wanderer und Naturfreunde
- Parkplätze vorhanden

**Familie Hans Leißner**
**8571 Mosenberg-Ranna**
**Tel. (09156) 277**

Ruhetag: Montag

## Neuhaus a. d. Pegnitz
**Erholungsort im Naturpark Veldensteiner Forst**
**FRANKENALB-Bayern**

Die Marktgemeinde Neuhaus im oberen Pegnitztal bietet Wanderern und Feriengästen einen abwechslungsreichen und erholsamen Aufenthalt.
Eine leistungsfähige Gastronomie im Markt Neuhaus u. in den umliegenden Orten sorgt für das leibliche Wohl der Gäste.
120 km IVV-Rundwanderwege und gut markierte Wanderwege des Fränkischen Albvereins führen Wanderer in die Weiten des Veldensteiner Forstes, zu Höhlen, Dolinen und bizarren Felsgruppen. Eine artenreiche Tier- u. Pflanzenwelt überrascht den Naturfreund, Burg Veldenstein und die barocke Pfarrkirche den Kunst- und Geschichtsliebhaber. Die Eilzugstation Neuhaus (Strecke Stuttgart-Nürnberg-Berlin) und die BAB Nürnberg-Berlin, Ausfahrt Plech/Neuhaus bringt Sie zu uns und verbindet Sie an Regentagen mit Nürnberg und Bayreuth.
**Zimmervermittlung:**
**Verkehrsamt 8574 Neuhaus a. d. Pegnitz, Tel. (09156) 627 + 628, Fax. Nr. 629**

## Bernheck — Wirrenloch — Dreifaltigkeitskreuz — Reitersteighöhle — Bernheck

🗻 ⬛ 🜨 🖼 🏹 〰

**Weg und Zeit** — 11,5 km — 3 Stdn.
**Anfahrt** — A 9, Ausf. *Plech*. Oder vom *Pegnitztal* Ri *Plech*.
**Parken** — P Hotel *Veldensteiner Forst* oder Str Ri *Ranna*.
**Charakteristik** — Erholsame, abwechslungsreiche Wanderung durch dunkle Nadelwälder, vorbei an einsamen Höhlen, bizarr geformten Dolomitfelsen und zahlreichen *Dolinen* (Einbrüche unterirdischer Hohlräume). Forststr lassen sich dabei nicht ganz vermeiden, jedoch der Großteil der Route verläuft auf einsamen Waldpfaden.

` **Bernheck** — 200 Einwohner-Dorf am *Veldensteiner Forst*, sorgte Anfang der fünfziger Jahre für Schlagzeilen: Das 1952 errichtete Gotteshaus galt als modernste Dorfkirche *Nordbayerns*. Heute fügt sich der eigenwillige schlichte Kirchenbau gut in die Landschaft.

● **Veldensteiner Forst** — Mit 7 000 Hecktar größtes zusammenhängendes Waldgebiet *Nordbayerns*. Ehem. Jagdgebiet der *Bamberger Fürstbischöfe* von Burg *Veldenstein (Neuhaus)*.

**Bernheck—Wirrenloch—Dreifaltigkeitskreuz**—1½ Stdn—
Vom Gäste-P zur Str und 100 m re abw, in Höhe der Kirche li, mit *Rotpunkt* an Neubauten vorbei in die Felder,
*MA*
dann re abw durch Waldstreifen. Unten mit Fahrweg li zum Waldeck, dort biegt *Rotpunkt* re ab. Jetzt auf Fahrweg
*MW* mit *Grünpunkt*, auch [5], ger am Wald entlang. Nach ca. 200 m li im Fels das *Kuckucksloch*, eine kleinere Spalthöhle. 500 m weiter führt ein Steig auf einen der zahlreichen hier versteckten Felsen *(AP)*. Danach die Str kreuzen und am P vorbei ger weiter, *Ww Wirrenloch*. Bei der Gab
*OM* geht es mit *grünem Pfeil* auf Teerstr noch ca. 1 km ger. Dann am Wald in der Linkskurve ger, *Ww Wirrenloch*, noch 200 m. Dann re in den Wald zum *Wirrenloch*. Vor den Felsen li und bei Gab re. Weg windet sich durch Wald, *Ww*
*MA* *Ranna*, und stößt nach 800 m an Forststr. Jetzt mit *Grünpunkt* und *Gelbstrich* li abw. Nach 600 m Gab re um *Steierfels* und bei nächster Gab vor Lichtung li. Querweg kreuzen und halbli, auch *Rotring*, mit grasigem Pfad aufw. Oben an kl Lichtung steht *Erinnerungskreuz* für 1948 erschossenen Revierförster. Ger über Lichtung, an Gab Hauptweg ger, 200 m später mit Querweg li. Bei der Gab dann mit allen Z auf rechtem Fahrweg eben weiter. Bald li Bildtafel, *Christus im Gewitter*, sog. *Dreifaltigkeitskreuz*.

● **Dreifaltigkeitskreuz — Reitersteighöhle — Bernheck —**

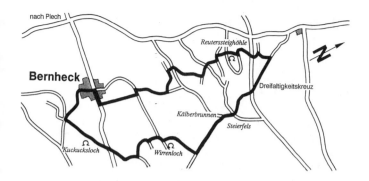

1½ Stdn − Weiter ger abw, gr Wiese. (!) Bevor re der Wald anfängt, mit *Rotpunkt* li ab, *Ww Plech*! 200 m später auf Fahrweg li aufw und re. Bei Gab ger, *Ww*, dann kurz li herum. (!) Vor dem Anstand, führt Pfad re abw zum Dekkenschlot der *Reitersteighöhle*, einer niederen Hallenhöhle die unten von der Forststr aus erreicht wird. Kurz re, dann Fahrweg kreuzen (li die Höhle) und mit Pfad wieder aufw, *Ww Plech*. Oben mit Querweg kurz li, dann in gewohnter Ri abw, eben an einer *Doline* vorbei, Fahrweg kreuzen und halbli weiter auf gut ausgetretenem Weg. Oben eine überdachte Quelle, dann br Weg re, *Ww Bernheck*, (auch *Reh*), grasiger br Weg. Später kreuzt ein Fahrweg, weiter in Ri *Plech*, jetzt auch *Blauring*, bei nächster Gab mit beiden Z halbli, *Ww Bernheck*, nach 120 m Querweg re, br Weg, und nach 120 m li, *Ww*. Sofort nach 50 m wieder re und nach 100 m nochmal re, *Ww Plech*. 70 m später li, dann wird das Waldende erreicht. Schöner *AP*, auf Anhöhe inmitten der gr Feldflur liegt *Bernheck*, dahinter re *Spießer*, *Fernsprechturm*. Fahrweg führt abw, unten bei der Bank, *ohne Z*, knapp 300 m li und mit dem Feldweg re aufw über die Geländewelle, dann mit Str aufw zur gepflegten Einkehr im *Ferienhotel Veldensteiner Forst*.

MW

OM

## Ferienhotel „Veldensteiner Forst"
**Familie Schuster, 8571 Bernheck, Hs. Nr. 38, Tel. (0 92 44) 4 14**

Hier finden Sie einen Familienbetrieb mit guter Gastronomie in behaglichen Räumen.
Alle Zimmer mit Tel., FarbTV, Radio, teils Balkon und einer großen Sonnenterrasse. Hallenbad, Unterwassermassage, Tischtennis, Pool-Billard, Minigolf. Kostenloser Fahrradverleih, Sauna, Solarium.

## Schermshöhe — Riegelstein — Eibenthal — Reuthof — Eibenthal — Eibgrat — Schermshöhe

◪ ◍ ◌ ✳ ◠

**Weg und Zeit** — 12 km — 3 Stdn.
**Anfahrt** — A 9, Ausf. *Hormersdorf* oder B 2, Abzw *Spies*.
**Parken** — P *Gasthof Schermshöhe*, Str Ri *Hersbruck*.
**Charakteristik** — Das *Jurameer* hat rund um *Spies* besonders viele mächtige *Dolomitriffe* zurückgelassen. Die Route führt auf reizvollen Pfaden durch schöne felsenreiche Wälder und bietet unvergeßliche Ausblicke.

● **Schermshöhe** — 1870 von Förster *Konrad Scherm* errichtete Fuhrmannseinkehr, die sich zu einem neuzeitlichen Gasthof mit schmucken Fremdenzimmern gemausert hat. Um die beliebte Ausflugsstätte ist ein kleiner Ort entstanden.

● **Eibgrat** — Ca. 2 000 m lange Dolomitkette, die man in 45 Min mit etwas Schwindelfreiheit gut durchsteigen kann.

● **Reuthof** — Einsam liegender Gasthof, der im Krieg 1871 von den *Franzosen* überhaupt nicht gefunden wurde.

● **Schermshöhe — Riegelstein — Eibenthal — Reuthof —**
*OM* 1½ Stdn — Str Ri *Spies* 450 m, dann re Str Ri Fernsehturm aufw. *AP*. Im Wald Kurve, ger Waldweg abw und re herum.
*MA* Unten ebener Querweg, mit *Blaupunkt* re. Bald am Waldrand entlang, dann Str abw nach *Riegelstein*. An *Kirche* li, vor BAB li aufw, neben BAB abw und nochmals aufw. Oben, nach Linkskurve, re bzw. ger Waldpfad abw und am Waldrand mit Feldweg li, dem Waldrand folgen, re, li und wieder re bis zu Fahrweg. Hier 40 m re, dann li Waldpfad aufw, Lichtung streifen, im Wald li auf Felshöhe zu, Weg
*MW* kreuzen und aufw zum *Eibengratende*. Abw, auch *Rotstrich*, unten Querweg li, auch *Grünpunkt*, *Ww Spies*, und nach
*OM* 100 m re abw, *Ww Reuthof*. Mit Str li, *ohne Z* bis Gab an
*MA* Hütte. Jetzt Fahrweg re, im Wald aufw, *Blaustrich* und *Rotpunkt* von li. Mit beiden *Z* auf Fahrweg noch 100 m, dann re Waldpfad und Querweg li, danach Gab. Nur *Blaustrich* aufw, *Ww Betzenstein*. Über zwei Felsgrate und einen Fahrweg, dann abw auf Lichtung zur Einkehr im idyllisch gelegenen Waldgasthof *Reuthof*.

● **Reuthof — Eibenthal — Eibgrat — Schermshöhe** — 1½ Stdn
*MW* — Mit Fahrweg re zurück, im Wald mit *Blauring* li aufw, dann re zur Lichtung. Querweg li, Wiese streifen, an der
*MW* rechten Wiese scharf re, mit *Rotpunkt* zurück in den Wald und durch Felsen abw. Dann auch *Blaustrich* und mit beiden *Z* zum Fahrweg. 100 m li, hinter dem Fels re abw zur Wiese und ger zum Wald gegenüber. Li Einzelhof *Eibenthal*. Drüben 10 m re, dann im Wald auch *Rotring*, Ww

Spies—Eibgrat re. Nach ca. 250 m wird Querweg schräg gekreuzt, dann allmählich aufw. Moosige Felsbrocken wie aus dem Boden gewachsen. Etwas re, dann *Eibgrateinstieg*, direkt durch die Felsen abw. Im Jungwald, nach 20 m re, am Waldende *ohne Z* li, *Ww Schermshöhe*. Re *Spies* mit den markanten Felsen. Am Waldrand lang, bald kurz re abw dann li, im Wald re, Fahrweg li aufw, ger durch die Ackerlichtung. Dann im Wald Gab, ganz re *alter Rotring* unterhalb der Felsberge, dann li herum. Bei Kreuzung ger eben, dann ger aufw. Am Wald *Blaupunkt* re aufw, Fahrweg eben, bei alten Linden an Schutzhütte li aufw. Auf bekanntem Weg zur Einkehr im *Gasthof Schermshöhe*.

OM

MA

## *Gasthof* **Schermshöhe Hotel Berghof**

*Familie Ippisch-Scherm, Schermshöhe 1*
*8571 Schermshöhe-Betzenstein · Tel.: (0 92 44) 4 66*
*(BAB 9, Berlin-Nürnberg · Ausfahrt: Hormersdorf 1 km)*

Gemütlich eingerichtete Governmenträume.
Separate Räume für Gesellschafts- und Familienfeiern. Gutbürgerliche fränkische und überregionale Küche. Behagliche Gästezimmer mit Dusche, WC und Telefon.
Hallenbad – Bundeskegelbahn – Sauna – Solarium.
Ausreichend Parkplätze.
Seit über 100 Jahren Ausschank der Biere von der
**Wolfshöher – Privatbrauerei**

**Bes. Familie Helmut STIEF**
**8571 Betzenstein,**
**Tel. (0 92 44) 3 10**

- Gemütliche Gasträume
- Große Gartenterrasse
- Gut fränkische Küche
- Gästezimmer Du/Bad/WC
- Separate Nebenräume
- Liegewiese
- Eigene Hausschlachtungen
- Kinderspielplatz

Freitag Ruhetag

## Hubmersberg — Windburg — Ruine Lichtenstein — Kreuzberg — Hubmersberg

▨ ▨ ▨ ▨ ✳ ✳ ⌂

**Weg und Zeit** — 9 km — 2½ Stdn.
**Anfahrt** — B 14, Abzw *Hohenstadt*, vor *Pegnitzbrücke* rechts.
**Parken** — Gr P vor dem *Hotel Lindenhof*.
**Charakteristik** — Diese geruhsame, interessante Waldwanderung ist gespickt mit lohnenden, markanten Aussichtspunkten. Auch Reste einer ehem. Raubritterburg werden besucht, so daß zur reinen Gehzeit noch 1 Std zum Verweilen kommt. — Route kann auch in zwei Rundwanderungen geteilt werden.

● **Hubmersberg** — Von bewaldeten Höhen umgebenes, von Wanderern gern besuchtes Juradorf. Dessen um die Jahrhundertwende als Sommerfrische beliebter Gasthof sich zum Hotel mit allem Komfort gemausert hat. Der nahe *Kreuzberg* (596 m), ein Ausläufer des 616 m hohen *Leitenberges*, bietet vom *Gipfelkreuz*, auf felsigem Grat, eine umfassende Aussicht über die *nördliche Frankenalb* zur *Fränkischen Schweiz*, den Höhen der *westlichen Oberpfalz*. Vom westlich gelegenen *Windburgfels* genießt man einen herrlichen Ausblick ins hier breiter werdende *Pegnitztal*.

● **Burgruine Lichtenstein** (500 m) — Stammsitz der *Ritter von Lichtenstein*, 1262 erstmals erwähnt. Später auch auf dem *Rothenberg*, 1491 Landpfleger auf *Burg Hohenstein*. *Lichtenstein* gehörte 1353 bis 1373 *Kaiser Karl IV.* wurde dann 1388 zerstört und nicht wieder errichtet. Heute sind nur noch wenige Mauerreste vorhanden, jedoch die Aussicht vom ummauerten Felsplateau mit niederem Schutzhaus, anstelle des Bergfrieds, ins *Pegnitztal* ist einen Besuch wert. Das Grundstück ist im Besitz der Familie *Ebner von Eschenbach*, der die Gemeinde *Pommelsbrunn* als Dank für die Pflege und Erhaltung der Burgreste einen Obelisk im ehem. Burghof errichten ließ.

● **Hubmersberg** — **Windburg** — **Hubmersberg** — ¾ Std —
MA  Hinter Hotel mit *Gelbkreuz* auf Fahrweg Ri *Eschenbach*.
MW  Am Wald kurz aufw und 150 m abw, dann mit *Grünpunkt* li ebener Weg, später im Wald ohne spürbare Richtungs- und Höhenänderung zum 800 m entfernten *AP Windburgfels*. Nach dem Fels li bald abw, 150 m nach Ü-Leitung li, *Ww Hubmersberg*. Bald re, dann Gab li mit ebenem br Weg im Linksbogen zu den Hubmersberger Feldern und etwas re zur Str.

● **Hubmersberg** — **Ruine Lichtenstein** — **Kreuzberg** — 1¼ Stdn — Von *Windburg* kommend, nach Ortsschild re,

*Gelbkreuz, Ww Pommelsbrunn*, nach 100 m re, *Ww Panora-* MW
*maweg*. Der bequeme Weg führt jeweils beim Aufstieg
kurz li, doch ohne merkliche Richtungsänderung durch
schönen Wald. Nach 2 km kommt *Grünpunkt* dazu, da
geht es leicht re abw und bald eben. 300 m später *Rotes K*
von li und mit allen Zeichen ger, dann li zum *Obelisk* im
ehem. Burghof und auf Stufen hinauf zum AP. Wieder unten, geht es abw und li, bei Gab mit *Rotem K* auf ebenem MW
Weg, re im Tal *Pommelsbrunn*. Nach 500 m *Wiedstr, Rot-* MW
*punkt* aufw, dann eben durch Felder, im Wald 500 m ger,
Dreiergab, mittlerer ebener Weg. Waldende 150 m, dann li
*Gelbpunkt* an Betonmast vorbei zum Wald. Durch Sträu- MW
cher hinein und re, 400 m aufw, parallel mit Waldrand.
Oben auch *Grünstrich* und mit beiden Zeichen li aufw zum
Bergsattel. Hier K-Wegteilung, re mit *K2* bequemerer Weg MW
mit kurzem Klettersteig zum 150 m entfernten *Kreuzberg-*
*gipfel* mit unbeschreiblichem *Panorama*.

● **Kreuzberg – Hubmersberg** – $\frac{1}{2}$ Std – Zurück zum Bergsattel und mit *Grünstrich* und *Gelbpunkt* re abw, *Ww Hub-* MW
*mersberg*. Gut markierter br Weg, nicht zu verfehlen, später
im Rechtsbogen li mit steilem Pfad abw zum Waldende
und ger am Wiesenrand abw zur gepflegten Einkehr im *Ho-*
*tel Lindenhof* mit eigener Metzgerei und Landwirtschaft.

Hotel Lindenhof
Georg Mörtel
8561 Hubmersberg 2
Telefon (09154) 1021
Fax (09154) 1288

Das Ferienhotel mit allem Komfort
Seit 1867 ● Hersbrucker Schweiz ● 545 m
● Zimmer mit Bad, Dusche, WC, Amtstelefon, Radio, TV. Klimaanlage, teilweise mit Balkon
● Appartements
● Lift, Garagen, „P", Haustaxi, Hallenbad, Sauna, Solarium, Fitneßraum, TV-Raum.
● Aufenthaltsraum, Gartenlokal, Kinderspielplatz, Liegewiese.
● Ruhige Lage auf der Jura-Höhe. Viel Wald, schöne Aussicht, gute Luft. Ideal zum Wandern und Klettern.
● Nur 2,5 km zu Tennisplatz, Minigolf und Segeln, Tennishalle 2 km.
● Internationale Küche, Spezialitäten-Restaurant, Konditorei, eigene Metzgerei, Landwirtschaft. Rustikale, komfortable Ausstattung. Familiäre Atmosphäre. Fränkische Gastlichkeit.
● Ideal für Konferenzen, Tagungen und Ferien

# Happurg — Hohler Fels — Reckenberg — Pommelsbrunn — Arzlohe — Schwandgraben — Happurg

🗺 ⬛ ➤ 🖼 🗻 ✳ ✴ ⌒

**Weg und Zeit** — 14 km — 4 Stdn.
**Anfahrt** — B 14, Abzw *Happurg*. A 6, Ausfahrt *Alfeld*.
**Parken** — P *Café Ruff, Siedlungsstr*, oder *Hersbrucker Str* in Nähe Sparkasse oder *Marktplatz*.
**Charakteristik** — Diese abwechslungsreiche Route führt auf schönen Pfaden zu bizarr geformten Felsen mit Hallenhöhle und zu einer keltischen Wallanlage. Zurück geht es über weitere Aussichtspunkte zu einer Kapellenruine.

● **Happurg** — Reizvoll gelegenes Dorf mit *Stausee* zu Füßen der *Houbirg* mit Fliehburg und Hallenhöhle. Im *Dogger* sollte unterirdische Rüstungsfabrik entstehen.

● **Pommelsbrunn** — Malerisch gelegenes Dorf zwischen *Zankelstein* und *Mühlkoppe* am Fuß der *Burgruine Lichtenstein* im *Högenbachtal*.

● **Kapellenruine bei Arzlohe** — Sie soll den *Pestheiligen St. Rochus* und *St. Sebastian* geweiht worden sein. Heute trägt sie den Namen *Zum Heiligen Baum*.

● **Happurg — Hohler Fels — Reckenberg — Pommelsbrunn**
MA —2 Stdn— Vom Marktplatz *Grünkreuz* und *-strich* die *Schöffenstr* hoch, bei Gab re *Friedhofweg*, an Birken Stufen und re an Birkenzeile aufw. Oben über Str, re aufw und nach 100 m li steil aufw. Nach *Quellbrunnen* eben, schöner Wald. Dann steiler Aufstieg. Danach br Weg aufw. Bei Gab re durch *Ringwall* und dichten Wald eben zu Sitzgruppe (re *AP*). Li abw bis *Gelbpunkt* re abbiegt, hier re ebener Pfad
OM OM zum *Felsentor* und großer *Hallenhöhle*, wo schon die Eiszeitjäger lebten. Zurück steiler Pfad mit *AP* li. An Sitz-
MA gruppe re, *Gelbpunkt*, auch *Grünpunkt*, neben Wall aufw durch Felsen zum höchsten Punkt der *Fliehburg*. Jetzt auf oder innerhalb des *Walles* abw. Ab 2. Durchbruch 300 m auf Wall zum *Nordtor*. (Einzige alte Öffnung). Mit *Gelbpunkt* re durch, an Gab li abw, Dreigab ger abw und re hinaus. Durch Felder zum Weiler *Reckenberg*. Ger am gr Hof vorbei, Gab re, 700 m ger durch Äcker und Obstbäume
MW (Aussicht) zum Wald. *Gelbkreuz* li abw über Steg und an Mühle vorbei durch Tunnel, danach re *Behaimweg*, durch Gärten zur Einkehr im *Gasthof Vogel* an Hauptstr.

● **Pommelsbrunn — Arzlohe — Happurg** — 2 Stdn — Zurück
MW zu *Weidenmühle*, vor Brücke mit *Blauem M* li über Holzbrücke, nach Mühle über Steg, dann li und re. Wegteilung, mit [*M2*] ger am Zaun steil aufw, AP. Im Wald nach 150 m ebener Querweg li. Nach 200 m kurz auch *Rotes D*, nach

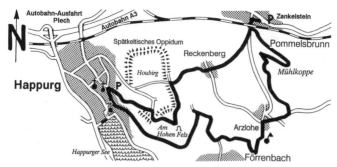

200 m re [*M*] steil herum, dann 400 m ebener Randweg. In  *MW*
Kurve li aufw zum Gipfel der *Mühlkoppe AP*. Re weiter und
bei 2. Bank [*M*] steiler Pfad durch grasigen lichten Kiefer-
wald abw zum ebenen Waldweg. Jetzt [*M*] li 700 m zu den
Feldern um *Arzlohe*. Mit Str 200 m re abw. Vor dem Ort li,
dann ger am letzten Hof vorbei, *Gelbkreuz*, auch *Rotes D*,  *MW*
20 m vor *Kapellenruine* re aufw. Im Wald Querweg 100 m
li. *Grünstrich* re aufw. Bei Abstieg auch *Grünkreuz*. An Ak-  *MW*
ker ger in Wald. (!) *Grünpunkt* li Ri *Förrenbach*, 600 m steil  *MW*
abw, dann re eben neben *Doggerfelsen*. Nach 1,5 km *AP*, li
abw, nach 100 m re zur Str und genußvollen Einkehr im
*Café Ruff*.

## Gästehaus Café Ruff

Happurg am See

**Bes.: Familie Ruff**

- Herrlicher Rundblick über Stausee ins Albachtal und nach Hersbruck.
- Sonnige Café-Terrasse.
- Eigene Konditorei.
- Komfortable Gästezimmer mit Dusche und WC.
- Von Mai bis Oktober auch abends geöffnet.
  Täglich ab 14.00 Uhr geöffnet.

**8569 Happurg a. See, Höhenweg 29, Tel. (0 91 51) 44 23.**

### Gasthof – Metzgerei
# Vogel

**Bes. Familie Vogel**

- Gemütlich eingerichtete Gasträume
- Separate Nebenräume, geeignet für Gesellschafts- und Familienfeiern
- Bekannt gute Küche mit vielen Fränkischen „Schmankerln" und deftiger Hausmannskost
- Eigene Metzgerei
- Behagliche Gästezimmer mit Dusche und WC
- Für unsere Hotelgäste: Fernseh- und Aufenthaltsraum
- Ausreichende Parkplätze am Haus
- Montag Ruhetag

**8561 Pommelsbrunn, Sulzbacher Str. 14, Tel. (0 91 54) 12 07**

## Kainsbach — Mosenhof — Hinterhaslach — Deckersberg — Obersee — Jungfernsprung — Kainsbach

◼ ▨ ✳ ✳ ◪ ◱

**Weg und Zeit** — 13,5 km — gut 3¼ Stdn.
**Anfahrt** — B 14, Abzw *Happurg*. A 6, Ausf. *Alfeld-Hersbruck*.
**Parken** — Gäste-[P] *Hotel Kainsbacher Mühle* oder Dorfstr.
**Charakteristik** — Geruhsamer Talwanderung folgt eine aussichtsreiche Höhenstrecke. Zeitweise reizvolle einsame Pfade und ruhige Wälder. Glanzpunkte sind der *AT* auf dem *Arzberg* und die Felskanzel *Jungfernsprung*.

● **Kainsbach** — Im gleichnamigen Tal an der alten *Karolingerstr* gelegen. Das Kirchlein geht auf eine Stiftung der *Reichenecker* zurück, die ihren Sitz auf dem Bergsporn über dem Ort hatten.

● **Obersee** — Zum *Pumpspeicherwerk Happurg* gehörender Stausee auf dem *Deckersberg*, ca. 170 000 qm groß, kann bis zu 2 Mio cbm Wasser fassen. Die Fallhöhe zum unteren Stausee, am Zusammenfluß von *Kainsbach* und *Albach*, beträgt 200 m.

● **Kainsbach — Mosenhof — Hinterhaslach** — gut 1 Std — Vor
*OM* dem *Hotel Kainsbacher Mühle* re zum Bach, danach li durch die Wiese, zweimal über den Bach. Auf der Dorfstr re neben dem Bach, dann die Str *Herbsttal* re aufw. Oben li etwas erhöht dem Talverlauf folgend, durch Felder und Obsthaine bis *Mosenhof* (2 km). Hier li aufw, dann re durch den Ort. Am Ortsende re abw an Fischweihern vorbei den Bach entlang. Bei Gab re, durch stilles bewaldetes Tal. Nach Teichanlage über den Bach auf grasigem Wege und nach 300 m re aufw (!) fast verwachsener Pfad am Waldrand entlang (Sandsteinfels) zum Weiler *Hinterhaslach*.

● **Hinterhaslach — Deckersberg** — ¾ Std — Im Weiler re, nach Ortsschild re auf Fahrweg mit Rundblick, durch Felder zur oberen Str. Hier 8 m re, dann li bisherige Ri durch Wald ohne merkliche Richtungsänderung an einigen aussichtsreichen Lichtungen vorbei. Nach knapp 1,6 km, ca. 25 m mit Schotterstr, dann li neben den Feldern weiter. In Feldhecken Gab, ger durch Wald abw nach *Deckersberg*.

*MA* ● **Deckersberg — Jungfernsprung — Kainsbach** — 1½ Stdn — Str kreuzen und im Ort mit *Grünkreuz* li, Ww *Edelweißhütte*. Nach 50 m re aufw, obere Querstr kurz li, dann re hinaus auf die Felder und ger aufw zum Wald. Im Wald
*MW* 40 m re, dann gewohnte Ri aufw. Oben re (auch *Blaupunkt*), abw zur Str und [P] am *Obersee*. Jetzt mit *Blau-*

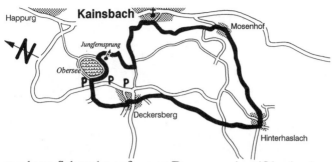

*punkt* an Schranke aufw zum Damm und re (Oberbecken li). Bei den Stufen re zum Umsetzer und halbre durch stillen Wald. Vor der Ackerlichtung li, dann re den Acker streifend. Im Wald li hinaus auf die Felskanzel *Jungfernsprung* mit herrlichem Ausblick ins *Kainsbacher* und *Happurger Tal* mit *Stausee* und dem darüber aufragenden *Hohlen Fels* MW auf der sagenumwobenen *Houbirg*. Mit *Rotkreuz* li, durch den Mischwald leicht abw bis zum Querweg. Dann mit MW *Gelbkreuz* li neben dem Hohlweg abw in den Quellengrund, wo das kostbare Naß über selbstgeschaffene moosige Tuffsteinstufen springt. *Gelbpunkt* kreuzt (!), jetzt OM *ohne Z* ger abw auf verwachsenem Weg durch Wald und Felder. Gepflegte Einkehr: *Hotel Kainsbacher Mühle*.

### hotel kainsbacher mühle
Familie Herzog
8569 Kainsbach
Tel. 09151/4017
Fax. 09151/4010

**D**as Hotel Kainsbacher Mühle strahlt Gemütlichkeit, Ambiente, Luxus und Eleganz aus. Egal, wie man den Tag beginnt, mit einem Frühstück im Garten, oder im Restaurant – das reichhaltige Frühstücksbuffet verwöhnt alle.

**Besuchen Sie** **HAPPURG**

**Staatlich anerkannter Erholungsort im Albachtal**

**ELDORADO für SPORT-, NATUR- u. WANDERFREUNDE**
● SEGELN ● WINDSURFEN ● ANGELN

gut markierte Wanderwege, Kegelbahnen, Hallenbad, Naturlehrpfad – Kulturhistorischer Ringwall aus der Keltenzeit auf der „Houbirg"

**Gemütliche Gasthäuser und preiswerte Pensionen!**

**Auskunft und Zimmervermittlung:**
Gemeindeverwaltung 8569 Happurg, Rathaus, Tel. 0 91 51/30 56

# CARAVANING

**Unabhängige Spezialzeitschrift für Wohnwagenfreunde. CARAVANING befaßt sich mit Caravans, Motorcaravans, Mobilheimen, Vorzelten und Zubehör und informiert intensiv über Caravan-Tourismus sowie über die individuelle Naherholung.**

# CARAVANING

erhalten Sie monatlich über den Bahnhofsbuchhandel, sowie bei Ihrem Zeitschriftenhändler für nur 4,50 DM – oder im Abonnement direkt ins Haus!

*oben: Stausee bei Happurg*
*unten: Alfeld*

*oben: Frühling in Oberkrumbach*
*unten: Rifflerfelsen mit Alfalter im Pegnitztal*

*oben: Vorra im Pegnitztal*
*unten: Velden a. d. Pegnitz –*
  *Stadtmühle*

*oben: Hartenstein mit Burg*
*unten: Neuhaus a. d. Pegnitz –*
*Burg Veldenstein*

# Die schönsten Camping-Ferienplätze in Europa

**Schneller, übersichtlicher und ausführlicher zeigt der ECC-Führer jedem Camper seinen idealen Urlaubsplatz!**

ECC – Der Internationale EUROPA-CAMPING- und CARAVAN-Führer – clubunabhängig – mit den rund 5000 besten Camps in Europa, dem Nahen Osten und Nordafrika – auf dem neuesten Stand mit vielen Ausstattungs- und Bewertungssymbolen – spezielle Teile für Motorcaravaner, Behinderte und FKK'ler – mit vollen Anschriften und zuverlässigem Kartenmaterial. Gesamtumfang 944 Seiten, zum Großteil vierfarbig!

Für nur DM 22,80 erfährt der Camper alles, was er über diese Plätze wissen will: z.B. Ausstattung, Komfort, hygienische Einrichtungen, Sport- und Freizeitmöglichkeiten usw.

**Gesamtauflage über 2 Millionen!**

Erhältlich in jeder Buchhandlung!

**Drei Brunnen Verlag GmbH & Co., 7000 Stuttgart 1, Friedhofstraße 11, Postfach 10 11 54**

## Hersbruck — Reschenberg — Edelweißhütte — Arzbergturm — Obersee — Hersbruck

◩ ◪ ◩ ◫ △
**Weg und Zeit** — 11 km — 3 Stdn.
**Anfahrt** — B 14. A 6, Ausf. *Alfeld*. A 9, Ausf. *Lauf/Nord*.
**Parken** — *Unterer Markt, Lohweg* o. am ehem. Bauhof.
**Charakteristik** — Einsame Waldpfade, Forst- und Feldwege wechseln. Die Wälder sind bezaubernd, der Anstieg strengt etwas an. Als Ziele locken die idyllisch gelegene *Edelweißhütte* und ein *AT*.

● **Arzbergturm** — Der 25 m hohe *AT* auf dem 612 m hohen *Arzberg*, südlich von *Hersbruck*, bietet eine einzigartige Rundsicht. Orientierungstafel an der Brüstung. Der Bergname kommt vom Erzgehalt im Braunen Jura.

● **Hersbruck — Reschenberg — Edelweißhütte** — 1½ Stdn —
*OM* Vom *Gasthaus zur Glocke* ger *Rudolf-Wetzer-Str, Lohweg* li. Nach 200 m re, dann Steg über *Pegnitz*, ger über B 14. Am Bach *Ww*, re durch Birkenallee, dann mit Str unter Brücke durch und Fußweg re aufw. Str re über Bahn und re. Vor
*MA* *AOK-Schule* mit *Rotpunkt* und [4] li, am Wald re über Bach, dann li aufw. Am Wald schöner Blick zurück bis *Burg Hohenstein*. Im Wald 100 m ger aufw, dann Gab li aufw. Weg wird Pfad, kreuzt Fahrweg und steigt weiter. An Verebnung 50 m ger, dann li aufw, durch Hohlweg li herum auf *Reschenbergkamm*. Erholsames Waldwandern mit kurzen Ausblicken folgt. Zunächst li, dann br Weg re. Nach ca.
*MW* 1000 m Forststr. Hier mit *Rotkreuz* li (*Rotpunkt* biegt bald re ab). Nach 1000 m Str *Leutenbach — Kruppach* kreuzen und auf Pfad ger aufw. Oben br Waldweg zur Einkehr in der *Waldgaststätte Edelweißhütte*.

● **Edelweißhütte — Arzbergturm — Hersbruck** — 1½ Stdn —
Vor [P] li mit *Rotkreuz* und [4] Ri Turm aufw, Gab li, bald ger, ebener Weg. Querweg 30 m li, dann re, gewohnte Ri. Bei 2. Querweg ger aufw und re herum zum *AT*. Re vom Turm mit *Rotkreuz* abw durch Graben, dann re, später li
*MW* abw. Am Waldrand *Blaupunkt* von *Edelweißhütte*. Mit diesem *Z* ger und am Hopfenackerende kurz re, dann li aufw durch Wald. An Lichtung aufw, dann re zum Wald, Waldpfad über Höhe und abw zum [P] an Str *Happurg — Deckers-*
*MW* *berg*. (!) Mit *Grünkreuz* auf Fahrweg neben Schranke in gewohnter Ri, bald li herum, 600 m am *Obersee*damm entlang. Dann Dreiteilung, ger mit Fahrweg am alten Trafo vorbei abw. *Gelbpunkt* von re (!), jetzt kurz abw, dann mit
*MW* *Gelbpunkt* li den Hang hinauf und re auf Pfad, immer an Steilkante entlang aufw zum *Deckersberg*. Bald abw, gut markiert. Am alten Steinbruch kurz li abw, dann re abw

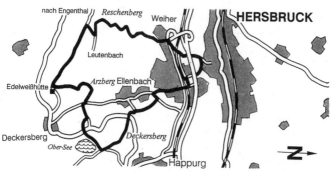

über Querweg schräg zur Str. Str vorsichtig kreuzen, doppelte Leitplanke übersteigen und abw durch Braunjurahang. Am Einzelhaus li zur Str, *AP* und sofort re durch Kirschbäume abw. Querweg 20 m li, dann scharf re abw mit Feldweg, Blick auf *Hersbruck*. Str li zum Ortsrand und neben Str abw. Vor Bahn li, dann über Bahn und li zum nahen Bhf. Re Treppen abw, Str kreuzen, *Eisenbahnweg* ger *OM* durch B 14, dann ger Wiesenpfad li am Wbh vorbei. Teerweg li zum *Pegnitzsteg* und auf bekanntem Weg zur Einkehr im gemütlichen *Gasthaus »Zur Glocke«* am *Unteren Markt*.

Kalte und warme Speisen, schattiger Biergarten,
Kinderspielplatz, ganzjährig geöffnet, außer November.

Montag von 11.00 Uhr – 19.00 Uhr
Dienstag Ruhetag
Mittwoch ab 12.00 Uhr
Donnerstag–Sonntag ab 10.00 Uhr.

### GASTHAUS UND METZGEREI
## »Zur Glocke«

**8562 Hersbruck, Unterer Markt 19 – 21**
**Tel. (09151) 3629**

Urfränkische Hausmannskost,
preiswerte Pfannengerichte,
Wild-, Fisch- und
Saisonspezialitäten.
Mittwoch Schlachtschüssel.
Nebenzimmer für 25 Personen.

**Montag ab 14.00 Uhr geschlossen**

## Engelthal — Kröhnhof — Peuerling — Hallershof — Prosberg — Kruppach — Engelthal

▨ ▥ ▰ ▨ ▩ ▩ ◠

**Weg und Zeit** — 14,5 km — 3½ Stdn.
**Anfahrt** — B 14, Abzw *Henfenfeld*. LAU 5 von *Altdorf*.
**Parken** — P »*Grüner Baum*« oder »*Weißes Lamm*«.
**Charakteristik** — Die Wanderung beginnt genüßlich in der sanfthügeligen, dem Albgebirge vorgelagerten Landschaft mit ihren zahlreichen alten Eichangern. Ein kurzer Aufstieg wird mit schöner Aussicht belohnt. Nach Abstieg gemütliche Waldwanderung zum ehem. Kloster.

● **Engelthal** — Am Zusammenfluß von *Kruppacker Bach* und *Hammerbach* gelegenes, aus 1565 aufgelöstem *Dominikanerinnen-Kloster* entstandenes Dorf, mit zahlreichen Baudenkmälern jener Zeit: Reste der bis zu 5 m hohen Klostermauer, die *Kirche*, zwei Tortürme und als Kuriosum der sog. *Willibaldstadel* mit Chor der ehem. Kapelle.

● **Engelthal — Kröhnhof — Peuerling — Hallershof — Prosberg** — 2½ Stdn — Beim Gasthof »*Grüner Baum*« in *Reschen-*
MA *bergstr, Gelbkreuz*, am Friedhofsende li über Bach und nach 50 m li in *Hammergasse*. Ger, mit schönem Blick zur *Festung Rothenberg*, auf unteren Waldrand zu. Zwischen
OM Wald und Birkenzeile bis P an Wegspinne. Hier li *Ziff. [1]*, durch Feld über Bach, *LAU 5* kreuzen und aufw, bei Gab re. Am Acker li zum Anger und re aufw. Li durch den An-
MA ger, *Blaupunkt*, zum *Kröhnhof AP*. Am Gehöft vorbei über Str durch Angerspitze und ger mit herrlichem Rundblick.
OM An Str vor *Peuerling*, OM li, *Sühnekreuz*, bei 2. Steinkreuz re an Sportpl. vorbei zum Wald. Gab li, nach 70 m wieder li, *Ziffer [5]*. Später li über Bach, in *Höllgrund*, schöner Weiher. *MD-Weg* kommt re, ger bis Angerende. *OM* re (Radwanderweg), am Anger aufw, dann durch den *Eichanger* abw bis *Hallershof*. Im Ort li abw über Bach zur *LAU 5*, auf Str 75 m li Ri *Engelthal*, dann re aufw durch Felder und Kirschhaine. Im Wald nach 20 m li, wenig begangener Weg mündet nach ca. 700 m in Fahrweg. 250 m ger, mit Querweg re aufw und li eben, *Ziffer [7]*. Nach 1 km Gab li (!), dann re bis Str und zur gemütlichen Einkehr ins 250 m entfernte *Prosberg* mit *Gasthaus »Zur Schönen Aussicht«*.

● **Prosberg — Kruppach — Engelthal** — 1 Std — Zurück, ca.
MA 50 m nach Ortstafel *Rotpunkt* re abw ins Tal. Im Dorf 70 m re, dann li steil aufw, *Gelbkreuz* kommt dazu, mit beiden Z
MW im Wald 100 m li. Nach 400 m biegt *Rotpunkt* ab, mit *Gelbkreuz* ger auf Fahrweg abw zum Acker. 50 m nach Ackerende im Wald (!) li ab, mit Pfad später am Waldrand entlang zur Einkehr im »*Weißen Lamm*« o. »*Grünen Baum*«.

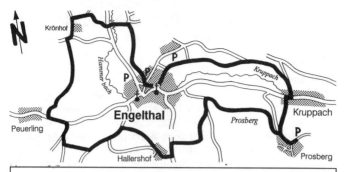

# Gasthof Grüner Baum

Inh. Hildegard u. Rudi Koch

Montag – Dienstag Ruhetag · v. 9.00 – 23.00 durchgehend geöffnet · Fränkische bis gehobene Küche · Saisonal Fisch, Wild, Geflügel Spezialit. · Vesperkarte · Hausgebackene Kuchen und Torten · Nebenzimmer bis 35 Personen · Ruhige Fremdenzimmer mit DU/WC · Balkon · Schattiger Biergarten

8561 Engelthal, Hauptstr. 9, Tel. (0 91 58) 2 62

---

Gasthof – Pension
Metzgerei

# Weißes Lamm
**Familie Schwab**

Bekannt ist unsere Küche, mit eigener Metzgerei, für seine fränkischen Spezialitäten. Genießen Sie unseren schattigen Garten, Kaffee und hausgebackenen Kuchen.

Montag Ruhetag
Dienstag bis 18 Uhr.

**8561 Engelthal, Hersbrucker Alb, Tel. (0 91 58) 2 02**

---

*Gasthaus »Zur schönen Aussicht«*

Bes. Hans Haas – Telefon (0 91 58) 2 52
8561 Prosberg

- Gutbürgerliche Küche
- Eigene Schlachtung
- Hausgemachte Kuchen
- Samstag + Sonntag warme Speisen
- Montag + Mittwoch Ruhetag

## Waller – Wettersberg – Pollanden – Alfeld – Wörleinshof – Waller

◤ ⩓ ⩒ ❋ ⌐

**Weg und Zeit** – 14 km – 3½ Stdn.
**Anfahrt** – B 14, Abzw *Happurg*, über *Kainsbach* und *Schupf*. A 6, Ausf. *Alfeld*, in *Alfeld* Ri *Lieritzhofen* – *Waller*.
**Parken** – Gegenüber *Gasthaus Zum Braunen Hirsch*.
**Charakteristik** – Eine Rundwanderung für nicht zu heiße aber schöne Tage mit klarer Sicht. Geruhsam mit einigen kurzen Steigungen führt die Route durch die karge Juralandschaft mit ihren steinigen Äckern, Trockengraswiesen und lichten Kiefernwäldern, vorbei an bizarren Felsen und einsamen Dörfern.

MA
● **Waller – Wettersberg – Pollanden** – 1¼ Stdn – *Markierung: Ww* mit *rotem* (auch *grünem*) *Strich* und dem *Emblem des MSC Wallerberg*. Auf der Str 200 m Ri *Schupf*, dann re zum Wald. Abw an Lichtung vorbei. Nach 300 m Gab li, ger durch Felder aufw zum Wald. *Rotkreuz* kreuzt, dann abw, li Wiese, AP. Mit Feldweg re, bei Gab oben bleiben, dann Str aufw nach *Wettersberg*. Vor dem Ort re, Ri *Gotzenberg*, 200 m Teerstr, dann Gab, ger ebener Schotterweg zum *Dürrnberg*. Kurz abw, dann grasiger Pfad li aufw. Mit schöner Aussicht, Wiese re lassen, am Waldrand entlang nach *Pollanden*.

MW
MW
● **Pollanden – Otzenberg – Alfeld** – 1 Std – Vor dem Dorf re, mit *Grünstrich* durch Felder und abw ins *Rinntal*. Unten mit *MSC Markierung* li auf Feldweg dem Talverlauf folgen. Bei Wbh re und vor den Wohnhäusern li über die Str. Jetzt auch *Gelbpunkt*, li abw und hinter dem 2. Haus aufw auf grasigem Waldweg zum *Katzenfels AP*. Am großen Akker dann re aufw und oben re zum Einzelhof *Otzenberg*. Ger durch Hof und Allee mit Str durch Wald. An Querstr mit *Blaustrich* re, *Ww Alfeld*. Nach 600 m fällt Fahrweg, jetzt li zum *Kriegerdenkmal AP* und li abw nach *Alfeld*. Einkehren im *Gasthaus Blos* am Marktplatz.

MW
OM

MA
● **Alfeld – Wörleinshof – Waller** – 1½ Stdn – Mit *Grünstrich* Str Ri *Lieritzhofen*, Gab li, *Tiefer Weg* aufw durch Felsen und draußen li aufw, dann halbre abw, Feldweg. Vor Wald li aufw, bei Dreiteilung re Ri *Wörleinshof*. Auf festem Weg aufw, dann grasiger Feldweg mit herrlichem Rundblick. Unterhalb des Weilers ger über Fahrweg durch Trockengrashang über zweiten Fahrweg ger in den Wald. Im Wald bald re und bei Gab li in den Hochwald (li verwittertes »*Märzenkreuz*«), parallel mit der weit li verlaufenden A 6. Etwa 15 m vor schrägverlaufender Foststr wieder re durch dichten Fichtenwald hinaus auf die Felder. Am

Waldrand li, bald Fahrweg aufw durch Hochwald und auf bekannter Forststr weiter aufw. Dann auf mit *Rotkreuz MW* markierter Forststr re und nach 60 m bei der Gab li, *ohne Markierung* der eben verlaufenden Forststr folgen. Bis *Waller* sind es noch 1 300 m. (!) Forststr macht nach 700 einen leichten Rechtsknick. Einkehren in *Waller* im *Gasthaus »Zum Braunen Hirsch«*.

---

## Gasthaus „Zum braunen Hirsch"
**Familie Vogel, Waller bei Alfeld, Tel. (0 91 57) 3 95**

Gut bürgerliche Küche
Eigene Hausschlachtung
Hausgemachtes Gebäck
Biergarten

**Auf Ihren Besuch freut sich Familie Vogel**

---

## Gemeinde Alfeld

Von bizzaren Felsgebilden eingesäumt, ist die über 1000jährige Gemeinde der Ausgangspunkt des Albachtales. Erholsame Wanderungen im Grafenbucher Forst mit seinen tiefen Wäldern, im romantischen Kirchthalmühltal oder zur Ruine Poppberg mit Aussichtsturm bieten dem Urlauber die Möglichkeit, die Ruhe zu finden, die er sucht. Weit über die Grenzen der Gemeinde hinaus sind die Alfelder Wurstwaren bekannt. Solide Gastwirtschaften bieten deshalb auch deftige Mahlzeiten an. Aus der wechselhaften Geschichte der Gemeinde ist ein alter Brauch erhalten. Seit 1806 feiert die Gemeinde die Wiedervereinigung (der Ort war durch die Erbfolgekriege zweigeteilt) Als Symbol des Zusammenschlusses wird am Kirchweihsonntag vom Schneiderberg zum Kegelberg ein 240 Meter langes Seil mit einem goldenen Buschen gespannt, der dann am Montag niedergelassen und einem Kirchweihpaar überreicht wird.
Der Ortskern von Alfeld wurde in den letzten Jahren im Rahmen der Dorfrenovierung saniert.

Info: Gemeinde 8561 Alfeld, Tel. (0 91 57) 3 69 oder 2 36

## Alfeld — Windloch — Poppberg — Alfeld

▨ ▨ ▨ ▨ ▨ ▨
**Weg und Zeit** — 14 km — 3½ Stdn.
**Anfahrt** — A 6, Ausf. *Alfeld* o. B 14, Abzw *Happurg*.
**Parken** — Am *Marktplatz*, nahe *Gasthof Blos*.
**Charakteristik** — Geruhsame, abwechslungsreiche Wege führen durch lichte Kiefernwälder an einer Karsthöhle vorbei zur höchsten Erhebung der *Frankenalb* mit Burgruine. Zurück geht es auf reizvollen Waldpfaden.

● **Alfeld** — Anmutig von felsigen *Weißjurahöhen* umgeben. Interessant ist das aus mehreren Bauepochen stammende Gotteshaus. Von der *Burg der Sulzbacher Grafen* auf dem nahen *Poppberg* zeugen noch umfangreiche Mauerreste.

● **Poppberg** — Auf Europäischer Wasserscheide an Kreuzung zweier Handelsstraßen als Fuhrmannseinkehr entstanden. Reste gleichnamiger Burg der Sulzbacher Grafen.

● **Windloch** — Karsthöhle mit weitverzweigtem Gangsystem. Enger Einstieg, steil abw in Hohlraum mit See und sog. Altar. Bitte nicht in den Wintermonaten betreten.

● **Alfeld — Windloch — Poppberg** — 2 Stdn — Am Postamt
MA  vorbei abw, mit *Grünstrich* re in *Lieritzhöfer Str*, Gab li, dann li *Tiefer Weg* aufw durch Felsen. Draußen Gab li aufw durch Hohlweg, bei Kiefern re abw mit Feldweg, vor Wald
OM  li aufw und re. Bei Gab *ohne Zeichen* li durch Felder, re um den Wald abw, mit Blick auf *Nonnhof*. In Senke 250 m li, am alten Wegstein re 80 m Ri *Nonnhof*, dann zum Wald und mit Pfad aufw. Über |P| auf Str 40 m re, dann li 150 m
MA  am Wald aufw und mit *Blaupunkt* ger hinein. Weg wird Pfad, in gewohnter Ri später aufw (!), ca. 600 m ab Str klafft re die *Schwarzenhöhle*, auch *Windloch*. Ger, vor Steilabfall li, am Felsgrat re abw. An vielstämmiger Buche li, am *Sichtzeichen* re um Acker und auf *Sichtzeichen* dem Wald zu. Ger durch zur 250 m entfernten Str. Mit dieser re, an Abzw *Ödamershüll* vorbei durch Wald abw, unten re Ri *Muttenshofen*, durch A 6 und li, *Ww Matzenhof*, Fahrweg am Wald aufw. Oben, in Kurve, mit allen Zeichen li aufw durch Wald, dann über A 6 und re nach *Poppberg*. Re an Kirche vorbei zur Rast im *Gasthaus »Zur schönen Aussicht«*.

● **Poppberg — Rauhlohe — Otzenberg — Alfeld** — 1½ Stdn —
MW  Durch das Dorf zurück, mit *Blaustrich* (auch *Gelbkreuz*) re
MW  durch Felder und li zum Wald. Mit *Grünpunkt* li aufw zur *Burgruine*. Zurück zum Waldrand und li ger über Wald-
MW  höhe, dann Gab, (*Gelbkreuz* ger) mit *Blaustrich* 100 m li, dann re an Sträuchern abw, unten li in Wald. Der ausgetretene gut markierte Weg führt 2 km durch schönen Wald

und dann re zur Einöde *Rauhlohe*. Unterhalb des Gehöfts Teerstr zur Str-Kreuzung. Hier 50 m re, dann mit *Gelb-* *MW* *punkt* li, Ri *Otzenberg*. Mit Str 600 m durch Wald, ca. 200 m vor dem Einzelhof li abw. Gab kurz li und weiter abw, bei nächster Gab ger abw. Unten *ohne Zeichen* li, über Str und *OM* li abw Ri *Alfeld*. Vor Gehöft über Bach und re zwischen den Bächen zurück. Beim Wasserhaus li, br Weg re oberhalb des trockenen Bachbettes durch das einsame *Rinntal*. 500 m nach dem Wasserhaus kreuzt eine Stromleitung, jetzt mit *Grünstrich* li durch die Senke und aufw. Oben Str *MA* re abw, dann li *Hasengasse* abw, um Kirchhofmauer zur verdienten Einkehr im *Gasthof Blos*.

## Gasthof · Pension BLOS

**8561 Alfeld**
**Marktplatz 3**
**Telefon**
**(0 91 57) 2 04**

**Fremdenzimmer m. fl. k. u. w. Wasser/Zentralheizung**
**eigene Metzgerei · gut bürgerliche Küche**
**Spezialität: Die bekannten Alfelder Wurstwaren**
**Montag Ruhetag**

# Gasthaus Müller

„Zur schönen Aussicht"

**8451 Poppberg 14, Gemeinde Birgland**
**Autobahn Amberg, Ausfahrt Alfeld**
**Telefon: (0 91 57) 3 23**

– Speisen
– Hausgebäck
– Hausschlachtung
  (Dosen zum Mitnehmen)
– Gute Weine
– Im Winter Langlauf
**Dienstag Ruhetag**

## Thalheim — Düsselwöhr — Geiskammerschlucht — Aussichtskanzel — Heubelfelsen —Thalheim

**Weg und Zeit** — knapp 10 km — 2½ Stdn.
**Anfahrt** — B 14 bis Abzw *Happurg*, dann Ri *Alfeld*.
**Parken** — Gäste P *Gasthaus »Weißes Roß«* oder im unteren Ortsteil beim Feuerwehrhaus.
**Charakteristik** —Geruhsame Wanderung auf schönen Wegen durch herrliche Wälder. Bezaubernde Ausblicke und aussichtsreiche Felsenpartien lockern die Route auf.

● **Thalheim** —Im *Albachtal* südlich von *Hersbruck*. Ein *Eisenhammer* am von sieben Quellen gespeisten Bach verarbeitete früher das heimische Erz. Bach fließt unter der 1424 von *Hammerherrn Peter Tyrol* gestifteten *Kirche* durch, an 400jähriger Schloßlinde vorbei in den *Albach*.

● **Thalheim — Düsselwöhr — Geiskammerschlucht** — 1 Std
—Vom Gasthaus *»Weißes Roß«* die Str abw, an der Kirche
MA vorbei. Unten li, mit *Grünpunkt, Ww Förrenbach*. Bald geht es re aufw zum Wald. Am Wald Gab, li kurz aufw, dann auf schönem erholsamen Weg durch herrlichen Hochwald mit viel Buchen. Nach 300 m Gab, ger eben, 100 m später wieder kurz li aufw und nach weiteren 200 m wieder Gab, jetzt ger eben weiter. Der mit *Grünpunkt* markierte Weg ist kaum zu verfehlen, führt über zwei Grabenschluchten immer fast ger, bis er ca. 2,6 km nach *Thalheim* im Jungwald re fällt. Unten an Lichtung ger weiter mit schönen Ausblicken auf drei markante Felsen. Drüben der *Kapuzinersessel*, oberhalb *Förrenbach* der *Wachtfels* mit Hütte und weiter vorne der *Hohle Fels* am Hang der *Houbirg*. Der Fahrweg stößt an die Str *Förrenbach — See*. Mit ihr abw, mit bezauberndem Blick über *Förrenbach* (mit südländisch anmutender *Kirche*) und den *Stausee* hinein ins *Pegnitztal*. Li an der Str tritt der *Braune Jura* als Sandstein offen zu Tage. (!)
OM 40 m nach dem Ortsschild li mit [9] aufw durch Hohlweg. Oben an Lichtung eben ger [9]. Wieder geruhsamer Weg (*Naturlehrpfad*) durch das felsenreiche *Düsselwöhr* mit teilweise altem Baumbestand. Nach 500 m Gab, re abw zur *Geiskammerschlucht*.

● **Geiskammerschlucht — Aussichtskanzel — Heubelfelsen** — ¾ Std — Mit [9] li 300 m neben der Schlucht aufw, dann Gab, mit [9] li aufw und oben an der Wiese li [9] in den Wald. Immer an der Steilkante entlang (zerklüftete Kalksteinfelsen). Nach knapp 500 m, vor Ackerlichtung, geht es li auf eine Felskanzel mit schönem Blick ins *Molsberger Tal*, nach *Förrenbach* und zum *Hohlen Felsen*, bis nach *Hersbruck* und hinter ins *Sittenbachtal*. Zurück zum Acker und

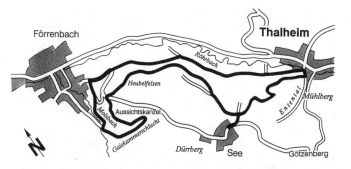

in gewohnter Ri mit [9] weiter durch ein Waldstück und abw zur Str *Förrenbach – See*. Mit Str 60 m abw, dann am Wald *ohne Z* re aufw, mit Fahrweg am Wald entlang. Bei Gab ger mit Hauptweg weiter und Gab vor Acker, li im Wald weiter. Bald geht es kurz li zum *AP Heubelfelsen*, gegenüber der *Kapuzinersessel*.

● **Heubelfelsen – Thalheim** - $\frac{3}{4}$ Std – Zurück in den Wald und mit dem br Weg li weiter, stets an der Steilkante entlang, nach ca. 300 m geht es kurz li abw in die Fichten und sofort in gewohnter Ri eben weiter, an versteckten moosbewachsenen Felsen vorbei. Dann verflacht der Wald und 200 m später geht es durch Felder leicht re aufw zum oberen Waldrand. Am Waldrand [5] weiter und später aufw, durch ein Waldstück, auf die Flur vor dem Dörfchen *See*. Jetzt (!), nach Wegeinmündung noch 35 m, dann mit *Rot-*  *punkt* li, ebener Fahrweg. Später leicht re und am Wald, Gab unter E-Leitung, li abw, re an Wiese entlang und dann li abw. Bei Feldhütte weiter abw durch die Felder, dann re am Wald entlang. Kurz li abw, dann re abw durch schönen Wald bis *Thalheim* und dort zur Einkehr in das *Gasthaus »Weißes Roß«*.

## Fly & Camp Träume
### Die neue Reihe für individuelle Reisefreiheit

Träume von einem erlebnisreichen Urlaub? Ohne jeden Zwang, eine bestimmte Zeit einzuhalten? Im Winter durch verschneite Wälder in Kanada fahren oder den australischen Sommer im „Appartement auf Rädern" genießen – das Wohnmobil ist der ideale Partner und auf jede Witterung eingestellt! Mit dieser neuen Reihe möchten wir helfen, Urlaubsträume zu realisieren und die herrlichsten Länder im Wohnmobil zu erleben.

Neben vielen Reiseinformationen, Tips für das Anmieten von Wohnmobilen und vielen anderen praktischen Hinweisen wird in diesem ersten Band der Reihe ein Stück amerikanischer Geschichte lebendig. Das brillante Bildmaterial des Autors trägt darüber hinaus wesentlich dazu bei, daß dieses Buch zu einem Erlebnis wird.

**Werner K. Lahmann**
**Mit dem Wohnmobil durch den amerikanischen Westen**

144 Seiten, Format 21 × 21 cm, laminierter, abwaschbarer Einband, zahlreiche Farb- und s/w-Fotos sowie eine farbige Skizze der Reiseroute. ISBN 3-7956-0203-3, DM 39,80.

**Drei Brunnen Verlag GmbH & Co**
**7000 Stuttgart 10, Friedhofstraße 11, Postfach 10 11 54**

Vertrieb:
Geo Center Verlags-Vertriebs GmbH
Neumarkter Straße 18 · 8000 München 80 · Telefon 0 89 / 4 31 89-0

*oben: Am Dorfbackofen*
*unten: Kutschenfahrt um Pommelsbrunn*

oben: Edelsfeld an der Bayerischen Eisenstraße
unten: „Schwarzer Brand" bei Hirschbach

*oben: Markt Königstein –
Oberpfälzer Frankenalb
unten: Klosterkirche in Michelfeld bei Auerbach*

oben: Kastl im Lauterachtal
unten: Neukirchen bei Sulzbach-Rosenberg, Osterhöhle

# Oberpfälzer Frankenalb

Die mannigfaltige abwechslungsreiche Landschaft der *Frankenalb* setzt sich natürlich über Bezirksgrenzen hinweg fort. So ist das in der östlich angrenzenden *Oberpfalz* liegende Gebiet genauso vielfältig und romantisch wie das gesamte *Juragebirge.*

Die *Oberpfälzer Frankenalb* reicht von den Höhen um *Auerbach* und Kloster *Michelfeld* über den karstigen *Königsteiner Forst* ins liebliche, durch Dolomitfelsen geschmückte *Hirschbachtal* und ins idyllisch abseits liegende obere *Högenbachtal.*

Die Kirchen tragen hier überwiegend Zwiebelhauben, im Gegensatz zu den spitzen fränkischen Kirchtürmen. Die Häuser sind behäbiger, nicht so steilgiebelig, Fachwerk ist seltener, der altbayerische Einschlag wird deutlich.

Stundenlag kann man hier durch Wald und Fluren wandern. Bildstöcke, Marterlsäulen, Feldkapellen am Wege und Heiligenstatuen in mancher Mauernische ermahnen den Wanderer zum Gebet und erinnern im großen Tempel der Natur an den, der all diese Schönheit geschaffen.

Wanderziele, wie *Excursionspfad, Felsenländl, Kühloch, Zantberg, Schwarzer Brand, Schlangenfichte, Alter Fritz,* die *Burgruinen Lichtenegg, Breitenstein* und *Rupprechtstein,* locken unwillkürlich hinaus in die Natur: zu wandern, Frischluft zu atmen und Kraft zur Bewältigung des Alltags zu schöpfen.

Auch ist hier die Welt noch in Ordnung, wo sich in klaren Albbächen zahlreiche Forellen tummeln, wo der Bussard ungestört seine Runden zieht, wo verträumte Dörfer, bizarr geformte Felsen, dunkle Fichtenschläge und geheimnisvolle Höhlen auf Entdecker warten. Hier kann man noch träumen und erholsam wandern.

Selbstverständlich gibt es hier auch romantische Landgasthöfe, wo die Wanderer willkommen sind, und in denen es sich gut rasten läßt. Die fränkische und Oberpfälzer Küche ist weithin bekannt, sie bietet jedem Gaumen etwas. Je nach Jahreszeit gibt es Spargelgerichte, Karpfen gebacken oder blau, Forelle »Müllerin« und die verschiedensten Wildgerichte.

## Michelfeld — Felsenländl — Reichenbach — Pinzigberg — Ohrenbach — Steinamwasser — Staubershammer — Hämmerlmühle — Michelfeld

**Weg und Zeit** — 12 km — 3 Stdn.
**Anfahrt** — A 9, Ausf. *Pegnitz* und B 85. Durchs *Pegnitztal*.
**Parken** — P *Gasthaus Schenk* in *Michelfeld*.
**Charakteristik** — Eine stattliche alte Klosteranlage steht am Anfang. Im lieblichen Wiesental lockt eine verschlafene Höhle. Aussichtsreiche Wege zu einer Wallfahrtskirche. Zurück durch ein bezauberndes Juratal.

● **Michelfeld** — Vom Bischof *Otto* 1119 gegr. *Benediktinerkloster* mit Wehrmauer und Graben. Klosterkirche mit prächtiger Ausstattung von berühmten *Asambrüdern*.

● **Michelfeld — Felsenländl — Reichenbach — Pinzigberg —**
OM 1¼ Stdn — Vom P *Gasthaus Schenk* mit Hauptstr re, nach 200 m li Ri *Ohrenbach*, 50 m später besteht Möglichkeit, re über den Steg zur Klosteranlage zu gehen. Mit Str, 300 m Abzw *Hämmerlmühle*, ger *Ww Felsenländl*. Noch 450 m auf Str, dann unterhalb *Hammerberg* mit [2] re, im Wiesengrund mit Feldweg ger. Nach 300 m Gab kurz li, dann gewohnte Ri und (!) nach 50 m re im Wald aufw. Oben li [2] zur Wiese, am Waldrand (Wiese li) weiter. Am Wiesenende re, im Wald li, Pfad durch zum nahem Felsen. Bei pilzförmigem Fels abw, mit Querweg 15 m re, dann Pfad li und neben Bach an herrlichen Felsbildungen vorbei. 150 m später li gr Höhle, sofort danach li durch die Felsen am Höhlenausgang vorbei steil hoch. Auf Kamm re, grasiger Waldpfad [2]. Vor Graben re abw und hinaus zum Fahrweg. *Ohne Z* li aufw, oben re abw auf Schnellstr zu. Dort mit Fahrwedg li und durch Unterführung, dann li aufw durch *Reichenbach*. Im Ort re und mit Str li aufw, 400 m Ri
MA *Degelsdorf*. Am Wald li mit *Rotstrich* auf *Kreuzweg* (*AP*) wieder durch Schnellstr, bei Station 11 li, im Wald aufw zur *ehem. Wallfahrtskirche*.

● **Pinzigberg — Ohrenbach — Steinamwaser** — ¾ Std — Hinter der Kirche beim Kruzifix mit *Rotstrich* abw, schöne Aussicht, *Ohrenbach*. An Str li 50 m aufw, dann re eben zum Trafohaus, dort re und sofort nach der Ortstafel wieder li hinaus auf die Felder (nicht abw). Nach 100 m Gab li bzw. ger, nach 200 m re und am Wald li aufw. Rückseitig abw und bei Kreuzung re aufw an einem Waldstück vorbei hinuter nach *Steinamwaser* zur gemütlichen Einkehr im *Landgasthof »Zum Mittler«*.

● **Steinamwasser — Staubershammer — Hämmerlmühle —**

**Michelfeld** — 1 Std — Vom *Landgasthof »Zum Mittler«* Str kreuzen und mit *Rotkreuz* re, *Ww Michelfeld*. Im Wiesen- MW grund zum Sportpl., durch die Erlenzeile an Feldkreuz vorbei, gegenüber Höhle (*Zigeunerloch*). Im Wiesengrund weiter, beiderseits immer wieder Felsen im Waldhang. Dann li das NF-Haus. Hier über Bach und neben ihm weiter. Nach 400 m re zum Wald und im Waldschatten weiter. Später re durch zwei Waldstreifen, dann scharf li abw durch Felder und mit Bach zur Kapelle vor *Staubershammer*. Am Bach weiter zum Trafohaus, dann mit der Str an kl Höhle vorbei zur *Hämmerlmühle* und weiter bis *Michelfeld*. Hauptstr re zur Einkehr im *Gasthaus Schenk*.

## GASTHAUS SCHENK
### Günter und Eva Schenk

- Neuerbautes Haus
- Rustikal eingerichtetes Restaurant Saal – Nebenzimmer
- Ausgezeichnete Küche – Hausgebäck
- Biergarten, gute Parkmöglichkeiten
- Täglich gutbürgerlicher Mittags- und Abendtisch von 11.30 – 14.00 und von 17.30 – 21.00 Uhr
- Geöffnet von 9.00 – 1.00 Uhr Dienstag Ruhetag

**8572 Michelfeld-Auerbach, Hauptstr. 19, Tel. (0 96 43) 15 86**

## Landgasthof „Zum Mittler"

**Fam. Götz · 8571 Steinamwasser · Obpfz.**
**Tel.: (0 96 43) 13 25**

Wir empfehlen unser rustikales Lokal mit über 100 Sitzplätzen für Omnibus- und Betriebsausflüge und auch für Familienfeiern.
Bekannte gutbürgerliche Küche. Eigene Hausschlachtungen, echter Bauernschinken und herzhaftes Hausgebäck. Behagliche Gästezimmer. <u>Spezialität</u>: Im Herbst „Gänse aus dem eigenen Holzbackofen".
<u>Jeden Donnerstag</u>: Mittler's MUSIKANTEN – STAMMTISCH.

Es freut sich auf Ihren Besuch                **Familie Götz**

## Sackdilling — Steinerne Stadt — Beide Brüder — Exkursionspfad zurück nach Sackdilling

**Weg und Zeit** — 14 km — 4 Stdn.
**Anfahrt** — Von *Auerbach* oder *Sulzbach* auf B 85. Oder B 14 bis *Hohenstadt*, danach durch das *Hirschbachtal* über *Königstein* zur B 85 und kurz li Ri *Auerbach*.
**Parken** — Am *Forsthaus Sackdilling*, abseits der B 85.
**Charakteristik** — Eine der abwechslungsreichsten Wanderroute durch den *Wellucker* bzw. *Sackdillinger Forst*. Nach geruhsamem Anfang geht es nach Überquerung des *Schlawackenberges* auf einem Teilstück des *Karstkundlichen Pfades* durch eine mächtige Felsschlucht und Felsberge. Auf dem folgenden *Exkursionspfad* häufen sich dann die Felsberge, es geht durch Gassen und Spalten. Zum Abschluß wartet noch eine Aussichtskanzel und ein mächtiges Felsenlabyrinth vor dem einsam liegenden *Forsthaus Sackdilling*.

● **Karstkundlicher Pfad** — Ein mit *Grünpunkt* markierter Rundweg um *Neuhaus*, der an verschiedenen Karsterscheinungen vorbeiführt. Dazu gehören nicht nur Höhlen und bizarre Felsen, sondern auch *Ponore* (Katabothren = Schlucklöcher) und *Dolinen* (Senken, die durch Einbrüche unterirdischer Hohlräume entstanden sind).

● **Exkursionspfad** — Um die Jahrhundertwende anläßlich einer Forstbeamtentagung angelegt und erstmals begangen. Führt durch Felsschluchten, Felsengassen und zahlreiche Felslabyrinthe. Erfordert etwas Trittfestigkeit und Schwindelfreiheit.

● **Forsthaus Sackdilling** — Einsam mitten im gleichnamigen Forst stehendes ehem. Forsthaus, heute Gastwirtschaft.

MA ● **Sackdilling — Steinerne Stadt** — 2 Stdn — Mit *Grünstrich* (auch *Rotstrich*) Ri B 85, nach 200 m re, Forstweg, in der Kurve li zur B 85. Vorsichtig kreuzen und drüben ger auf Forststr. Nach 1100 m re, kurz Grasweg, dann Forststr 300 m, am Anstand (!) nur mit *Grünstrich* li, schräg aufw. Oben Kreuzung ger, (!) nach 150 m (vor Jungwald) mit
OM [*Eichhörnchen*] li, ebener Fahrweg. Nach 450 m Forststr —
MA Gab re, fast ger, mit *Rotkreuz, Ww Max. Grotte*. An *Eichenkreuzhütte* Gab, ger *Ww Max. Grotte*, allmählich abw, dann re herum 900 m auf ebener Forststr bis der *Rabenfels* auftaucht. (!) Etwa 100 m vor diesem Felsturm li, steil aufw, *Ww Max. Grotte*. Pfad führt aufw und abw, und kreuzt da-
MW bei drei Querstr. Dann mit *Grün*- und *Rotpunkt* auf Forststr li aufw und 30 m nach dem *Marterl* mit *Grünpunkt* li abw

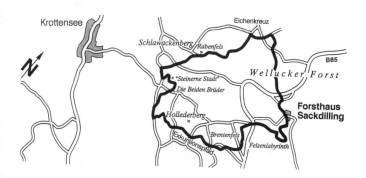

in Felsenschlucht und li durch, dann re herum, bald steil aufw und durch die *Steinerne Stadt*, an deren Ende die *Beiden Brüder* stehen.

● **Steinerne Stadt – Sackdilling** – 2 Stdn – Mit *Grünpunkt* durch beide Türme und re abw, Forststr kreuzen, nach 180 m auf Forststr mit *Rotpunkt* li aufw, etwa 650 m, dann kreuzt *Gelbstrich*. Jetzt mit *Gelbstrich* li aufw, li durch die Felsengasse und re um die Felshäufungen am *Hollederberg*, dann 200 m auch *Rotstrich*, wieder re ab durch die Felsen am *Mannsberg*. Danach 400 m auf Forststr, dann li zum Felsberg. Später kurz mit Fahrweg li, dann auf Pfad re aufw über Felsgrat, abw durch Felsengasse und an die B 85. Vorsichtig kreuzen und mit *Gelb*- und *Rotstrich* kurz re, am Vorfahrtsschild li aufw, oben li *AP*. Zurück zum Pfad und li die Steilkante weiter bis zur Aussichtskanzel, dann li herum abw. Am Fuße der mächtigen Felsenwände entlang. Hier in diesem Felsenlabyrinth mit stolzen Wänden und Halbhöhlen zeigt der *Weiße Jura* sich nochmal in ganzer Größe. Nach den Felsen, im dunklen Fichtenwald, re um den Tümpel und auf Pfad abw zur Einkehr im nahen *Forsthaus Sackdilling*.

MW
MW

---

**Ausflugslokal**
# Forsthaus – Sackdilling

**Fam. Renner · 8572 Auerbach i. Opfz. (0 96 43) 12 30
BAB Ausf. Pegnitz, an der B 85
zwischen Auerbach und Königstein**

- Gutbürgerliches Essen
- Brotzeiten
- Fischspezialitäten
- Sonnenterrasse
- Kinderspielplatz

Montag ab 16.00 Uhr geschlossen
Dienstag Ruhetag

## Königstein — Steinberg — Kühloch — Pruihausen — Breitenstein — Königstein

**Weg und Zeit** — 11 km — gut 3 Stdn.
**Anfahrt** — B 14 bis *Hohenstadt*, dann durch das *Hirschbachtal*. Oder A 9, Ausf. *Plech*, über *Neuhaus*.
**Parken** — Am *Marktplatz* oder beim *Freibad*.
**Charakteristik** — Am *Steinberg* zwischen *Königstein* und *Pruihausen* zeigt der Jura sich geballt, hier wird ein Felsenlabyrinth ohne Eintrittsgeld geboten. Für diesen Felssteig muß man kein Kletterer oder profilierter Bergsteiger sein, aber trittfest und schwindelfrei.

● **Königstein** — In einem Talkessel geschützt durch bewaldete Bergrücken mit bizarren Felsen gelegener Ort. Bereits 1130 als *Chungistein* erwähnt, gehörte den *Reichsministerialen von Königstein*. 1357 zum Markt erhoben, dann bis 1666 unter der Herrschaft der *Breitensteiner*.

● **Breitenstein** — Eine doppelstöckige Kapelle romanischen Ursprungs ist das einzige, was von der einst stolzen Burg geblieben ist. Die Aussicht ist überwältigend.

● **Kühloch** — Insgesamt 60 m lange Höhle in der 1796 die *Königsteiner* ihr Vieh vor den *Franzosen* versteckten.

● **Königstein—Steinberg—Kühloch—Pruihausen** — 2 Stdn

MA — Vom *Königsteiner Marktplatz* mit *Blaustrich* Ri *Auerbach* und nach 180 m ger, *Gaißacher Str*. Gab li, an Kläranlage vorbei nach *Mitteldorf*. 50 m hinter *Mitteldorf*, re zum Wald und li schräg aufw. Oben li, *AP Locher Fels*. Re aufw, dann eben und bald hinter einem Felskoloß ins Felsengewirr am *Steinberg*. Der Steig ist übersichtlich markiert, führt zunächst li an mächtigen Felsen vorbei, dann durch und hinauf zum *AP* auf dem Gipfel. Dort re, 180 m eben, dann kurz li abw und li an Felsen entlang. Später li herum und an der Felsrückseite zurück. *Rotring* und [3] kommen hinzu, li aufw an Sitzgruppe vorbei auf gesichertem Steig direkt unter den Felswänden entlang. Nach Hühnerleiter biegen die neuen Markierungen li ab, durch den Felsspalt. Mit *Blaustrich* 150 m abw, dann li zur Wand und um den Fels herum zum Querweg. Re abw, auch *Rotring* und [3], unten re an Schutzhütte vorbei. Nach 100 m den Querweg kreuzen, Gab li aufw, oben li am Fels vorbei und abw zum *Kühloch*. Jetzt wieder nur *Blaustrich*, re kurz eben, dann re aufw wieder eben und re über den Felsgrat, dann 100 m abw. Querweg li, Gab re, Graspfad, nochmal auf einen Felsberg. Danach endgültig li abw. Waldrand re, dann ger durch die Äcker und re nach *Pruihausen* zur Stärkung im *Gasthof Jägerheim*.

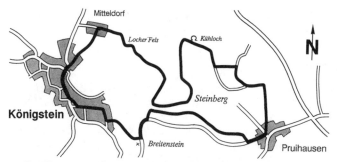

- **Pruihausen – Breitenstein – Königstein** – 1 Std – Hinter dem Gasthaus mit *Rotschrägkreuz* ger, fester Weg, nach 200 m re und sofort li zum Wald. Bei gr Zeichen in den Wald und 1 km ger, dann kurz re und ger weiter. *Rotring* und [3] kommen. Jetzt kurz ger, dann li aufw, mit *Rotring* aufw nach *Breitenstein*. Der Felsturm re gleicht einem versteinerten Riesen. Bald re in den Ort und durch die Engstelle und re zur *Kapelle* hinauf, *AP*. Nach Abstieg re an Stützmauer entlang, dann am Wald abw. Nach 200 m, auf querverlaufendem Feldweg, mit *Rotschrägkreuz* li abw nach *Königstein*. Unten re zum *Marktplatz* und zur Einkehr im *Gasthof „Zur Post"*.

*MW*
*MW*
*MW*

**Gasthof – Pension**

*Jägerheim*

**Inhaber: A. u. M. Renner**
**8459 Pruihausen 5 bei Königstein**
**Tel: (0 96 65) 2 28**

Rustikale Galträume mit Terrasse, Zimmer mit Dusche, WC und Balkon. Sie finden auf unserer Speisekarte außer saftigem Jägerbraten – beliebte Wildgerichte und noch alles mögliche aus eigener Hausschlachtung. Bus zum Mittag- und Abendessen und Nachmittagskaffee. Mittwoch Schlachtschüssel – Freitag Spezialitätentag. 2 Bundeskegelbahnen – Kinderspielplatz.
Montag Ruhetag

# Gasthof
# Café  zur Post

**Winkler Bräu**
Schlichter Privatbrauerei

Moderne, gemütliche Galträume. Sehr schöne Zimmer mit Dusche, Bad, WC, zum Teil Balkon. Appartement mit Bad, WC, TV. Eigene Hausschlachtung – Wild – Forellen – sehr gute Küche.
Hausgebäck – Eisspezialitäten – Bauernstube – Saal. ADAC-Hotel, Mitglied beim FAV.
**Familie Pesold**

8459 Königstein/Opf., Marktplatz 2, Tel: (0 96 65) 741

## Eschenfelden — Schwarzes Kreuz — Binsenloch — Zantberg — Luke — Eschenfelden

◼ 🏳 ✳ ⌒

**Weg und Zeit** — knapp 9 km — 2½ Stdn.
**Anfahrt** — B 14 bis *Hohenstadt*, danach Abzw durchs *Hirschbachtal*. Oder B 85, Abzw *Edelsfeld* bzw. *Königstein*. Oder A 9, Ausf. *Plech* über *Neuhaus* und *Königstein*.
**Parken** — Ortsmitte oder vor *Gasthof »Zum Roten Ochsen«*.
**Charakteristik** — Erholsame Wege führen über aussichtsreiche Höhen und durch dunkle Wälder auf den 647 m hohen *Zantberg*. Der Rückweg führt durch freie Fluren. Die Route ist für sonnige, aber nicht zu heiße Tage gedacht.
● **Eschenfelden** — Landschaftlich reizvoll gelegenes Kirchdorf im oberen *Hirschbachtal*. Unmittelbar am Dorf der *Wachtberg* und *die Alte Burg*, markante Felsen auf westlichem Ausläufer des mehrgipfeligen *Zantberges*. Der Ort wird schon im 12. Jahrh. erwähnt, war im frühen Mittelalter Sitz der *Herren von Esevelt* und Mittelpunkt einer Hofmark. Das Schloß wurde in der zweiten Hälfte des letzten Jahrhunderts abgebrochen. Der mächtige gotische Turm der *Kirche* stammt aus dem 14. Jh. Im Innern noch Grabplatten der *Margarethe von Breitenstein* und der *Familie Stettner von Grabenhof auf Eschenfelden*. Die 3 km östlich gelegene *Appelhöhle*, nach seinem Neuentdecker 1887 so genannt, war lange Zeit gern besuchtes Wanderziel. Z.Z. aber leider nicht zu besichtigen.
● **Eschenfelden — Schwarzes Kreuz — Binsenloch — Zantberg** — 1½ Stdn — Vom *Gasthaus Roter Ochse* in Ri *Edels-*

OM *feld*, nach 70 m re und am Wald, *ohne Z,* (7 gepl.) re. Bei Aussegnungshalle li, schöne Randstr Ri *Mittelreinbach*. Mit herrlichem Panoramablick allmählich aufw zum *AP* am *Schwarzen Kreuz*. Jetzt noch 300 m auf Str, dann in der scharfen Linkskurve am Bauschuttplatz, re abw durch schönen Wald ins *Binsenloch*. Am Acker li, zur Waldstr, diese kreuzen und gegenüber auf br Waldweg weiter. Nach ca. 250 m an der *Doline* li vorbei aufw und ger über Kamm. Am Waldende weiter aufw zunächst am Waldrand, dann durch Wiese. Oben an den Feldhecken kommen die Zei-

MA chen *Grünkreuz* und *Rotstrich* entgegen. (Etwas oberhalb *AP*). Mit beiden Z li zum Wald und dort li, auch [7]. Am Wiesenende biegt *Rotstrich* re ab, jetzt mit *Grünkreuz*, auch [7], li abw durch Wald. Unten wieder Waldstr kreuzen und ger weiter, dann 80 m mit Fahrweg li. In Linkskurve ger zum Wald, re der mehrgipfelige *Zantberg*. Am Wald entlang ger aufw, oben re an den gelben Gasleitungsmasten vorbei aufw. Am oberen Wald Querweg, *Ww, Rot-* und

*Gelbstrich.* Mit allen Z re, Ri *Zantberg.* Der gut ausgetretene, übersichtlich markierte Weg führt durch dunklen, überwiegend aus Tannen bestehenden Wald auf die (646 m) *Hohe Zant*, den Hauptgipfel des *Zantberges*, den einst ein hölzerner Aussichtsturm, wie auf dem gegenüberliegenden *Ossinger*, zierte. Heute steht dort noch die von *März* bis *Oktober* zum Wochenende bewirtschaftete Hütte. *MW*

● **Zantberg – Luke – Eschenfelden** – 1 Std – Von der Hütte mit *Blaustrich* neben der Wegetafel in den Wald. Der Abstieg ist gut markiert, auch *Ww WoGep*. An dem Gedenkkreuz für *Hans Pöllinger*, der hier auf dem Heimweg verunglückte, geht es dann li abw und bei Gab ger eben, dann wieder steil abw. Weg stößt vor einer Schneise an einen Fahrweg. Wegen des Durchblicks wird der *AP Luke* genannt. Re liegt *Steinbach* und li *Riglashof*. Jetzt *ohne Z* (6 geplant) li abw, mit Blick an *Riglashof* vorbei zum *Ossinger*. Unten, li in den Wald und danach durch Felder, Blick Ri *Ossinger*. Mit Teerstr fast ger am Wald vorbei und dann ger auf Feldweg durch Wiesen und Felder immer ger bis *Eschenfelden*. Dort zur wohlverdienten Einkehr im *Gasthof »Zum Roten Ochsen«* in Nähe der *Kirche*. *MW OM*

## Edelsfeld — Bernricht — Oberreinbach — Schnellersdorf — Edelsfeld

**Weg und Zeit** — 11,5 km — 3 Stdn.
**Anfahrt** — B 85 von *Sulzbach* oder *Auerbach*. Oder B 14 bis *Hohenstadt* und dann durchs *Hirschbachtal*.
**Parken** — Ortsmitte *Edelsfeld* bei den *Kirchen*.
**Charakteristik** — Geruhsame Wanderung durch stille Wälder, teilweise begleitet durch das Plätschern eines seine ungezählten *Mäander* ziehenden Bächleins.

● **Edelsfeld** — Eine alte Siedlung an *Eisenstraße* im *bayer. Nordgau* gelegen. Urkundl. schon 1050 erw. Die heutige Ev. *Kirche* stammt aus dem 12. Jh., Chor 1498.

MA  ● **Edelsfeld — Bernricht** — $^3/_4$ Std — Bei Bushalt gegenüber dem Lüftlgemälde *Alte Eisenstraße* beginnt Rundwanderweg. Mit [6] *Sulzbacher Str* Ri *Bernricht*. Nach Unterführung mittl. Str Ri Sportplatz, (li Weiher), vor Wald rückwärts reizender Blick auf *Edelsfeld*. Im Wald, vor dem Sportplatz Abzw li, moosiger Waldweg, lichter Kiefernwald. Nach 400 m Gab li, später Wegspinne ger, rechter Weg, dann Acker streifen und 150 m danach halbre über kl Lichtung. Auf br Weg abw, draußen re nach *Bernricht*.

MW  ● **Bernricht — Oberreinbach** — $^3/_4$ Std — Mit *Blaustrich*, re durchs Dorf, dann li abw im Bogen zum Wald und durchs stille *Eiselbachtal* zum ehem. Bierkeller im Sandstein. Dann an Fischweihern vorbei zum [P] vor *Oberreinbach*.

● **Oberreinbach — Schnellersdorf — Edelsfeld** — $1^1/_2$ Stdn —
OM  Neben [P] *ohne Z* mit Fahrweg aufw durch Felder und nach 300 m, bei Eichen, re aufw zum Wald. 2,5 km stets aufw mit Fahrweg durch Wald. Dann Querweg mit [6], auch *Rotstrich*, li auf br Weg abw bis *Schnellersdorf*. Vor
MA  dem Ort Ww, Teerstr [6] re aufw, an Wald mit vielen Lehrta-
MW  feln entlang. (!) Nach Rechtskurve [6] ger mit Feldweg aufw. Bei Obstbäumen re und Str abw nach *Edelsfeld*.

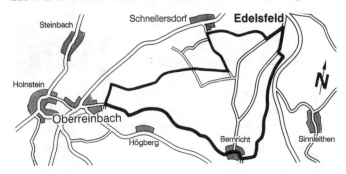

# DIE OBERPFÄLZER FRANKENALB

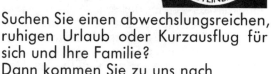

liegt auf Ihrem Weg.

Suchen Sie einen abwechslungsreichen, ruhigen Urlaub oder Kurzausflug für sich und Ihre Familie?
Dann kommen Sie zu uns nach

**AUERBACH**
 **EDELSFELD**
  **HIRSCHBACH**
   **KÖNIGSTEIN**

Mitgliedsgemeinden der Werbegemeinschaft „Oberpfälzer Frankenalb".
Durchwandern Sie unsere unberührte Erholungslandschaft auf gut markierten Wanderwegen.
Hier unter freundlichen Menschen, fernab vom Alltagsstreß, werden auch Sie sich wohlfühlen und entspannen.

Lassen Sie sich von einer guten und preiswerten Gastronomie verwöhnen.

**Nähere Informationen:**

- **Stadt Auerbach,** Oberer Markt–Platz 1
  8572 Auerbach, Tel.: (0 96 43) 2 00
- **Gemeinde Edelsfeld,** Blumenstr. 3
  8459 Edelsfeld, Tel.: (0 96 65) 2 87 – 2 83
  Frau Heldrich
- **Verkehrsverein Hirschbach,**
  Frau E. Rupprecht, 8459 Hirschbach 1,
  Tel.: (0 91 52) 80 79 o. 80 92   Frau Müller
- **Markt Königstein,** Oberer Markt 20,
  8459 Königstein, Tel.: (0 96 65) 2 16 o. 17 64

# Hirschbach — Schlangenfichte — Windloch — Fischbrunn — Prellstein — Hirschbach

**Weg und Zeit** — 11 km — 3 Stdn.
**Anfahrt** — B 14, Abfahrt *Hohenstadt*, Abzw *Eschenbach*.
**Parken** — Gäste-P *Goldener Hirsch*. Sonst *Wander*-P an der Straße nach *Loch*.
**Charakteristik** — Gemütliche, abwechslungsreiche Wanderung mit kurzen Steigungen vor der *Schlangenfichte*, deren Samen Jahrtausende überstand, und am *Windloch*, einem senkrecht abfallenden Höhlenschacht.

● **Hirschbach** — Ein beliebter Treff für Wanderer und Kletterer im landschaftlich reizvollen gleichnamigen Tal. Zwei *alpine Klettersteige* führen durch die *Felsenwildnis Schwarzer Brand*. Der Ort entstand durch einen im 14. Jh. erwähnten Eisenhammer an der Eisenstr nach *Auerbach*. Die späteren Besitzer *Sauerzapf* ließen 1460 nahe dem Herrenhaus eine Kapelle errichten, die lange Zeit Gotteshaus für die ganze Umgebung war. 1581 erbaute eine *Nürnberger Patrizierfamilie* ihre *Papiermühle*.

● **Hirschbach — Fischbrunn** — 1¾ Stdn — Vom Gäste-P

*MA* mit *Grünstrich* Ri *Loch*, 150 m nach Wald-P Gab li, Feldweg im Talgrund. 1,5 km, abwechslend li und re neben sträuchergesäumtem trockenen Bachbett, dann kommt li Wald heran. 300 m mit Waldrand, dann *Ww Schlangenfichte*. Nächste Lichtung bleibt re, jetzt li aufw, an oberer Lichtung re, ebener Weg zu 100 m entfernten gr Ackerflur. Hier steht 10 m ger re am Weg ein Baum mit schlangenförmig herabhängenden Zweigen. Solche *Schlangenfichten*, eine Baumart aus der Voreiszeit, gibt es nur ca. 100 in ganz

*MW* Europa. Jetzt 10 m zurück und mit *Grünpunkt* re, *Ww Windloch-Vorra*, aufw, dann li in Mulde. *Kinder festhalten!* Vor einem Felsberg gähnt das *Windloch*, eine nur für Kletterer zugängliche riesige *Karsthöhle*. Nach dem Felsloch re 20 m steil, dann re aufw und bei Gab li, bald eben durch stillen Wald. 400 m nach *Windloch* Gab, li bzw. ger mit

*MW* *Grünpunkt*. An *Gedenkstein*, mit *Rotpunkt* li weiter. Der *Korbmachersteig*, lange Zeit für die *Hartensteiner* die kürzeste Verbindung mit *Hersbruck*, verläuft jetzt 2 km parallel mit oder unter Ü-Leitung. Dabei kreuzen drei Fahrwege, jedesmal geht es kurz re, dann in gewohnter Ri weiter. Nach 1,5 km wird Str *Vorra — Hirschbach* überquert. Ger durch Felder, nach 300 m Gab li, allmählich abw. Im Wald li (auch *Grünkreuz*), draußen unter Ü-Leitung durch und

*MW* re abw. Dann mit *Grünkreuz* li Fahrweg abw bald li in Serpentinen hinunter zur Talstr und re 250 m nach *Fisch-*

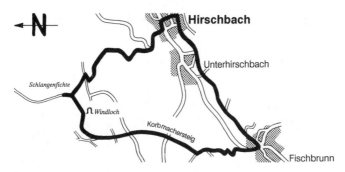

*brunn.*
- **Fischbrunn — Hirschbach** — $1\frac{1}{4}$ Stdn — 50 m Ri *Hegendorf*, dann mit vielen *Z* li aufw. Gab li, *Gelbstrich, Rotpunkt MW* und *Blaukreuz* auf bequemem Waldweg. Nach 550 m Fels in Gab, *Bezirksgrenze Mfr./Opf.* Ger, *Gelbstrich*, bald abw zu *Fischteichen*, durch Wiese. Vor Str mit Pfad ger durch Sträucher über Fahrweg, Stufen hoch, dann re aufw und wieder li (auch *Blaupunkt*). 550 m am Waldrand entlang, dann li ins Dorf, zur Einkehr im Gasthof *»Goldener Hirsch«* oder 300 m östl. im Landgasthof *Hammerschloß* im historischen Ortskern.

# Neutras – Hegendorf – Hauseck – Neutras

◩ ▣ ⚒ 🚩 ❋ ⌂

**Weg und Zeit** – 14 km – 3½ Stdn.
**Anfahrt** – B 14, in Ortsmitte *Pommelsbrunn* Abzw Ri *Heuchling* oder in *Weigendorf* Abzw Ri *Etzelwang*.
**Parken** – Gäste-P *Gasthof zum Neutrasfelsen*.
**Charakteristik** – Eine Wanderung für Pfadfinder, Höhlenfreunde und solche, die bizarre Felsenformationen lieben. Die Route führt durch die *Felswildnis am Schwarzen Brand*, vorbei an zahlreichen Höhlen und durch mehrere Felstore. Der eigentliche, mit *3 markierte Höhlenrundweg* wird an besonders schwierigen Stellen verlassen.

● **Neutras** – Von Wanderern gern besuchter Weiler am Rande des wildromantischen Felsengebietes »*Schwarzer Brand*«, einem Eldorado für Kletterer und Wanderer, 40 km östlich der *Frankenmetropole Nürnberg*, wo *Frankenalb* und *Oberpfälzer Jura* nahtlos ineinander übergehen. Erstmals wurde der Ort am Fuße des gleichnamigen Felsens im 15. Jh. als *Hof eines »Neidrich«* erwähnt.

● **Neutras – Hegendorf – Noristörl – Prellstein** – 2 Stdn –

*OM* Vom P Ri *Hegendorf* abw, am Wald re *ohne Zeichen* auf
*MA* ebenem Weg um den Acker, dann mit *Blaupunkt* ger aufw
und abw, unten am Waldrand 50 m li, dann re und mit
*OM* Fahrweg li *ohne Z* bis *Hegendorf*. Am Ortsbeginn re, oberhalb Haltestelle die *Osterhöhle*. Mit Str re um *Felsberg [3]*,
*MA* auch *Gelbpunkt* und *Grünkreuz*, re aufw und li in den Wald.
*MW* Bei 2. Acker, vor Hütte li, im Wald bald abw, dann re [3],
auch *Gelbpunkt*, aufw über *Felshöhe* am Feld lang, mit
Querweg 40 m li (!), dann re [3] hinter die Felsen. Nächster
*MW* Weg li aufw zum *Kastell*. *Blaupunkt* abw. Querweg *Blaukreuz*,
*MW* li 200 m eben, dann [3] re zum *Noristörl*. Vor dem
Fels li mit [3], dann über *Blaukreuzweg* und aufw. Vor dem
Acker re [3] an *Felsriff* entlang, zeitweise auch mit *Rotpunkt*, um *kl Höhle* zur *Amtsknechtshöhle*. Hier mit [3] re
herum abw, dann auch *Blaukreuz*, re aufw bis Dreiergab.
Jetzt li [3] abw durch *Felsberge*, dann re zum Felsen, vorbei
an *kl Höhlen*. Danach li (!) bei Gab [2], auch *Rotpunkt*, li,
am *Frankekamin* re, dann li abw, unten re durch Graben.
*OM* Mit Fahrweg aufw. Gab *ohne Z*, li aufw um *gr Ackerflur*. Am
Wald Gab li, an Dreiergab Mitte, eben. An *Feldscheune* re
über Sattel, Ackerstreifen, dann Pfad durch Wald und li am
*MA* Wald entlang. *Gelbkreuz* quert, ger [3] hoch. Im Wald li,
dann re *kl Höhle*, abw re um Fels zur *Cäciliengrotte*. Kurz li,
dann br Weg aufw zum *Prellstein*. Rechts die *Bergwachthütte*,
am *Fels Gedenktafel* für die Toten des *Fränkischen Albvereins*.

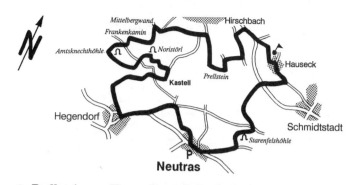

- **Prellstein — Hauseck — Brünnlesloch — Neutras —**
1½ Stdn — Mit [*3*], auch *Rotpunkt*, li abw, nach 250 m mit [*3*] 80 m li, dann über Waldbuckel, 150 m ger, danach re abw. Vor Scheune an Baumgruppe li bis Gab an Baumgruppe, jetzt mit Pfad re durch Kiefern, an Acker entlang, Wald li abw zur Str. Auf Str, auch *Blaustrich*, 70 m re, dann li. Gab re zum Wald, nach 60 m mit [*3*] re steil aufw zum *Fuchsloch* und weiter aufw zu den *Schloßberghöhlen*. Durch einen 13 m langen, teilweise nur 90 cm hohen Felsgang, dann re durch das *Felsentor* und li abw. Am Waldrand aufw, später li im Wald aufw, oben etwas re, dann hinaus zum Acker und zur Str. Hier kurz Ri *Hauseck*, vor dem Wohnhaus re, *Ww Schmidtstadt, auch Blaustrich*, durch Wald. Nach der Wiese mit [*3*] li 50 m aufw zum *Brünnlesloch*, dann wieder abw über den mit *Blaustrich markierten* Weg am Waldrand weiter, dann abw. Unten, auch *Rotring*, durch die Wiese zur Str, auf dieser 10 m re, dann li, bei Gab im Wald, oben eben bis zur Ackerflur. Ger weiter bis Ackerflurende. Am Wald, re, auch *Blaukreuz*, re, an Gab re und sofort li *Ww Bodenbergsattel*. Nach 250 m mit [*3*] li aufw zur *Starenfelshöhle*, dann re und li über Sattel, danach re allmählich abw, am Waldrand ger nach *Neutras* zur verdienten Rast im *Gasthof zum Neutrasfelsen*.

## Gasthof zum Neutrasfelsen
— Familie Zorn —

Wenn Sie bei einer Wanderung durch unsere herrliche Juralandschaft Lust auf eine gemütliche Einkehr verspüren, dann kommen Sie doch mal zu uns. Eine beschauliche Rast im Wirtsgarten inmitten von Wiesen, Wäldern und Felsen oder in unseren rustikalen Gasträumen. Deftige Schmankerln aus unserer bekannten Küche und manch guter Tropfen aus unserem „berüchtigten" Keller, was will ein Wanderer mehr?

Und wenn Sie gerade keine Zeit zum Wandern haben, dann kommen Sie halt einfach so mal vorbei!

8459 Neutras b. Etzelwang, Telefon (0 91 54) 13 23

## Lehenhammer — Etzelwang — Rupprechtstein — Lehendorf — Lehenhammer

◫ ▦ ▨ ▩ ✳ △

**Weg und Zeit** — 12 km — 3 Stdn.
**Anfahrt** — B 14 bis *Weigendorf*, Abzw *Etzelwang*.
**Parken** — Am *Gasthaus Forellenhof* in *Lehenhammer*.
**Charakteristik** — Reizvolle Pfade führen durch abwechslungsreiche mischwaldbestandene *Juralandschaften*. Besonders schöne Ausblicke, interessante Felsgebilde und überwältigende Aussicht vom Turmstumpf der Burgruine.

● **Burg Rupprechtstein** — Mauerreste auf hohem Fels zeugen noch heute vom Sitz dieses *Rittergeschlechts*, das 1287 ausstarb. Die Burg wurde bayerisch, kam 1329 an die Pfalz, war von 1353—73 böhmisch, gehörte bis 1610 *denen von Freudenberg*, wechselte dann oft den Besitzer bis man sie 1810 dem Verfall überließ. 1903 erwarb *Georg Pickel* den Burgbereich und errichtete die *Burggaststätte*.

● **Lehenhammer — Etzelwang — Rupprechtstein** — 1¼ Stdn

*MA* — Vom P über Str, mit *Blaupunkt* durch Bahn aufw. Mit Fahrweg (auch *Rotpunkt*) re, draußen auf freier Flur Gab
*MW* mit *Blaupunkt* li. Im Wald ger, später li, dann mit *Rotkreuz* und -*punkt* li, *Ww Etzelwang*. Am Acker re weiter durch schönen Mischwald. Nach 700 m an Skisprungschanze (*Rotpunkt* li ab) kurz abw, dann ger eben durch Wald. Nach 200 m abw, an Gab re, am Feldrain entlang. Über Feldstreifen mit Querweg, hinter *Felsklotz* aufw, kurz re, dann (auch *Grünpunkt* und *Rotstrich*) li eben weiter. Nach 150 m li über Schlucht und auf Trampelpfad durch lichten grasigen Kiefernwald. Bald br Weg, kurz aufw, dann abw nach *Etzelwang* mit Blick zum *Rupprechtstein*. Durch Bahnunterführung und li, beim *Kriegerdenkmal* re um die *Kirche* und die *Kirchengasse* aufw bis zum Wald. Später mit *Rotkreuz (Rotstrich)* schräg über die Feldflur und mit br Waldweg aufw. Beim Wbh abw, unten ger durch Felder und drüben mit Waldpfad aufw. Bald wieder abw, dann li 150 m eben zum Fahrweg. Am *felsigen Buchenwald* aufw zur Einkehr im *Gasthof Burg Rupprechtstein* unterhalb des mächtigen *Burgfelsens*, von dem aus man eine unbeschreibliche Rundsicht genießt.

● **Rupprechtstein — Gerhardsberg — Lehenhammer** —
1¾ Stdn — Nach Verlassen des *Burggeländes* li, *Rotkreuz*
*OM (Rotstrich)*, am Wald li neben den Felsen abw. Bei Gab *un-*
*MA markiert* ger abw, unten re, dann mit ebenem Fahrweg li [*2 u. 3*] 200 m, Gab re [*3*] und draußen am Feld mit *Blaukreuz* 25 m ger, dann re Waldpfad abw, unten 20 m vor der Str li, später mit Str zunächst li, dann re bis *Gerhardsberg*.

### Lehenhammer

In Ortsmitte li, Gab li und am Wald wieder li. Trampelpfad windet sich über zwei Waldbuckel, dann mit Querweg re und später am Waldende mit *Gelb*- und *Rotpunkt* li, bald *MW* abw, unten durch Felder, bei Gab unten bleiben, bald re herum über Fahrweg. Auf Waldpfad zur Wiesenlichtung, re umgehen, dann re neben Wald weiter. (!) Gab mit *Gelbpunkt* oben, ger in dunklen Wald, etwas re, bei Dreiteilung vor Wiese auf mittl. Weg im Wald allmählich abw, dann an Feldern li und mit Fahrweg re. Bei Linkskurve ger durch die Sträucher, dann li zur Straße und mit dieser li hinunter nach *Lehendorf*. Im Ort re 300 m auf alter Dorfstraße bis *Lehenhammer* zur verdienten Einkehr in *Volkerts Forellenhof*.

## Volkerts Forellenhof

Hotel-Gaststätte-Metzgerei
Besitzer Georg Volkert
Moderne Fremdenzimmer mit Dusche und WC, 35 Betten
(Übernachtung m. Frühst., Halbpension, Vollpension) Gediegene, neugestaltete Gasträume, Bierstüberl und Saal mit Bar. Räumlichkeiten bis zu 200 Personen.
Anerkannt gute Küche - Fischspezialitäten. Auserlesene Spitzenweine.
Großer schattiger Garten, Liegewiese.
DIE ATTRAKTION IN DER OBERPFALZ!

### Die Lehentalbahn

Erste öffentliche Gartenbahnanlage in Bayern! Seit 1976. Kohlegefeuerte Dampfloks befördern Ihre Kinder und Sie jeden Sonntag bei gutem Wetter.
**8459 Lehenhammer 9 - Etzelwang, Tel: (09154) 4854**

Gasthof und Pension

## Burg Rupprechtstein

8459 Rupprechtstein
Post Etzelwang
Bes. Familie Schönberger · Telefon (09663) 584

Inmitten von lieblichen, schönen Wanderwegen liegt reizvoll unser Haus auf einer Anhöhe (550m) im Oberpfälzer Jura.
- 38 Betten (Einzel- und Doppelzimmer)
- Gute Küche. Chef kocht selbst
- Kaffee und Kuchen – Brotzeiten
- Dienstag Ruhetag
- Gaststätte geöffnet: Von 10–19 Uhr
  ausgenommen Feiern und Voranmeldungen

**Von Albert Geng sind bisher erschienen:**

**„Rund um Hersbruck"**
18 Rundwandervorschläge  **4,85 DM**

**„Rund um das obere Pegnitztal"**
16 Rundwandervorschläge  **4,85 DM**

**„Wandern im Herzen der Frankenalb"**
30 Rundwandervorschläge  **11,85 DM**

**„Vom Main bis zur Donau"**
in 9 Tagestouren von Staffelstein bis Regensburg  **13,80 DM**

**„Wandern im Altdorfer Land"**
25 Rundwandervorschläge  **15,00 DM**

**„Rund um Schwarzenbruck"**
16 Rundwanderungen und 6 Radwanderungen  **12,80 DM**

Die Wanderführer sind im Buchhandel erhältlich.

## Restaurant – Pizzeria „ZUR POST"
**Pächter Erich Fischer**
Täglich geöffnet von 11.00 bis 1.00 Uhr
Dienstag Ruhetag
Deutsch-Italienische Küche
Gemütliches Gast- und Nebenzimmer, schattiger Biergarten
**8459 Neukirchen · Bahnhofstr. 3 · Tel. (0 96 63) 13 65**

## „BAHNHOFGASTSTÄTTE"
**Pächterin Manuela Fischer**
Täglich geöffnet von 10.00 bis 1.00 Uhr
Gutbürgerliche Küche · Mittwoch Ruhetag
**8459 Neukirchen · Bahnhofstr. 2 · Tel. (0 96 63) 8 05**

Siehe auch Wanderung S. 126 und Farbbild S. 104

URLAUB MACHEN und KRAFT SCHÖPFEN
in stiller Waldlandschaft...und zwar in einem der abwechslungsreichsten Mischwaldgebiete Bayerns.
Dazu lädt Sie ein der Erholungsort NEUKIRCHEN b. SULZBACH-ROSENBERG (Landkrs. Amberg-Sulzbach) im Oberpfälzer Jura/Ostbayern. 180 km Augenschmaus, gute Luft und Stille auf markierten Wander- und „radfahrbaren" Waldwegen, in angenehmer Mittelgebirgslandschaft (450-650m) mit nur sanften Steigungen, aber prächtigen Aussichten.
Zahlreiche Freizeiteinrichtungen im Ort und der Umgebung stehen zur Verfügung.
Prospekte und Zimmernachweis kostenlos anfordern bei

**Gemeindeverwaltung – Fremdenverkehrsstelle – 8459 Neukirchen b. Sulzbach-Rosenberg, Tel. (0 96 63) 5 55**
Bahnhof Neukirchen im Verkehrsverbund „Großraum Nürnberg VGN"

# Das Sulzbacher Bergland

Am nahtlosen Übergang vom *Fränkischen* zum *Oberpfälzer Jura* südlich der B 14 liegt dieses Paradies für Wanderer, die stille und einsame Waldpfade lieben. In den abenteuerlichen Mischwäldern wachsen Beeren und Pilze, Orchideen entfalten ihre volle Schönheit und die Feldhecken blühen vielfältig im Frühjahr und leuchten im Herbst in allen Farben. Es ist die Hochalb, eine etwas rauh anmutende Landschaft, die aber geprägt ist von Kontrasten, die das Wandern zum reizvollen Erlebnis machen.

Hier kann man noch die ursprüngliche Natur entdecken, durch enge Trockentäler streifen oder den Bachläufen bis zur Quelle folgen. Ungeahnte Sehnsüchte werden in dieser idyllischen, vielfältigen Landschaft mit ihren tiefen Taleinschnitten, bewaldeten Höhen und felsenreichen Wäldern und steinigen Feldern gestillt.

Verträumte Dörfer, schmucke Schlösser, geschichtsträchtige Herrensitze und ehrwürdige Kirchen gestalten das faszinierende Landschaftsbild.

Im Süden wird dieses Erholungsgebiet von der *Lauterach* begrenzt, einem der besten Forellenwasser *Europas*. Im Osten schließt sich der *Hirschwald* an, der zweitgrößte Wald *Bayerns*. Die Nordgrenze bilden die alte *Herzogsstadt Sulzbach-Rosenberg* und *Amberg*, die eigentliche Hauptstadt der *Oberpfalz*.

Ob man nun Burgen oder Burgruinen besuchen, Höhlen und ihre geheimnisvolle Welt kennenlernen oder in den Kirchen der vergangenen Kultur nachspüren will, hier findet man alles. Da ist das einsame Wallfahrtskirchlein *Zant*, die *Klosterburg Kastl*, die wehrhafte *Simultankirche Illschwang*, das malerische auf Fels thronende *Ammertal*, der Felssteig bei *Neukirchen*, die *Schweppermannsburg* oberhalb *Pfaffenhofen*, die *Burgruinen Lichtenegg* und *Poppberg*, die *Osterhöhle* mit schönen Tropfsteinen und das geheimnisvolle dunkel *Osterloch* am *Kalmusfelsen* sowie die wald- und felsenreiche Höhe um *Schwend*, all das sind Wanderziele, die einen außergewöhnlichen Reiz entfalten.

Unterwegs ermahnen den Wanderer Feldkreuze und kleine Kapellen zur inneren Einkehr.

In den *Oberpfälzer Gasthäusern* gibt es noch gute Hausmannskost, deftige Brotzeiten aber auch Spezialitäten für verwöhnte Gaumen, einfach für jeden etwas.

# Durch die alte Herzogsstadt Sulzbach-Rosenberg

🏛 🏭 🏰 🄺 🄷

**Weg und Zeit** — knapp 3 km — 1½ Stdn.
**Anfahrt** — B 85 oder B 14, die sich vor *Sulzbach-Rosenberg* kreuzen, oder über die A 6 *Nürnberg — Amberg*.
**Parken** — *Schloßgarage* am *Luitpoldplatz* oder vor dem *Rosenberger Tor*, nahe der *Stadtbibliothek*.

● **Die Geschichte** — Die *Grafschaft Sulzbach* wird im 12. Jh. erwähnt. Unter *Kaiser Karl IV.* war *Sulzbach* Hauptstadt von *Neuböhmen* und von 1656—1742 selbständiges Herzogtum.

● **Der Rundgang** — Er beginnt am *Luitpoldplatz*, Nr. 17, einst Wohnhaus des Hofmeisters *Hans von Freudenberg*, Ehewappen am Erker (1). Re *Kath. Kirche* (2), bis 1957 *Simultankirche*. Am Südportal Oelbergrelief und Grabplatte, am spätgotischen Chor aus 14. Jh. die *Fürstengruft*. Ostseits Grabstätte des Vaters der berühmten *Asambrüder*. *Pfarrplatz*, ehem. Gymnasium (3). *Rathaus* (4), eines der schönsten der *Oberpfalz*. Neben der Uhr Stadtwappen, darüber das *pfalzbayerische Wappen*, imposanter Treppengiebel. Li *Neustadt* Nr. 23, ehem. *Gasthaus z. Krone* (5), häufig Quartier *Kaiser Karl IV.* In Nr. 24 nächtigte 1414 der Reformator *Jan Hus* (6). Weiter oben die 1957 erbaute *ev. Christuskirche* (7), dann re, Nr. 14, *einst Fronfeste*, heute *Heimatmuseum* (8). Nr. 18, barockes Portal und Rokokofassade, daneben (9), 1906 von *Georg Renner* gestiftete *ev. Töchterschule*, ehem. Geburtshaus *Philips v. Lichterthaler, Dir.* der *königl. bayer. Hof- und Staatsbibliothek* in *München*. Li, *Lange Gasse* kreuzen, draußen re, auf früherem Schutzwall, von *Herzog Theodor* angelegte Allee. Li an der Str ev. Diakonissenhaus mit Dachreiter. Nach Rechtskurve Ausblick zum *Annaberg*, re Stadtgraben und Stadtmauerreste mit Bastion (10). Danach re durch 1969/70 neu errichteten Stadtturm (11) am einstigen *Rosenberger Tor*. Re schöner Blick in *Lange Gasse* zum Wehrgang, dann alte *Schmiedbrücke*. Jetzt li in *Spitalgasse* zum 1733—38 erbauten *Kapuzinerkloster* (12), das nach *Säkularisierung* 1804 zum *Bürgerspital* umgebaut wurde. *Spitalkirche* birgt Orgel und Altar aus *alter Spitalkirche* (13) im Tal, an der *Nürnberger Str.* Wenige Schritte zurück, re in *Bühlgasse*, nach 200 m li Stufen abw zum *AP* an *Bastei* (13). Zurück, die *Bühlgasse* abw, Blick auf Stadtweiher, Bahnhof und Malzfabrik. Re an der Stadtverwaltung (14) vorbei, *Spitalgasse* li und *Frühlingstr* re. An *Rosenberger Str* re gotisches Weißbeckhaus mit schönem Eckerker (15). Gegenüber das 1905 errichtete *königli-*

1 Wohnhaus von Freudenberg
2 Kath.Kirche
3 ehem.Gymnasium
4 Rathaus
5 Gasthaus zur Krone
6 Quartier des Johannes Hus
7 Christuskirche
8 Heimatmuseum
9 Töchterschule
10 Stadtmauerreste, Bastion
11 Rosenberger Tor/Stadtturm
12 Kapuzinerkloster
13 AP Bastei
14 Stadtverwaltung
15 Weißbeckhaus
16 Literaturarchiv
17 ehem.Synagoge
18 jüdisches Handelshaus
19 Klosterkirche
20 Ballhaus
21 Schloßhof
22 Brauereigasthof Bayerischer Hof
23 Spitalkirche

che *Amtsgericht*, heute *Literaturarchiv* (16). Li vor *Rathaus Museumsstr* li abw, *ehem.Synagoge* (17), zuvor re in *Bindergasse*, Nr. 2/4, altes jüd. Handelshaus (18), später *Landgericht* und *Rentamt*, 1939 bis 1970 *Landratsamt*, Wappenrelief in Durchfahrt. Kurz li abw, dann re, *Klostergasse* zur ehem. *Klosterkirche* (19) der *Salesianerinnen*, erb. durch *Fürstin Elenora Philippine*. Durch Torbogen, li *Ballhaus* (20), späteres *Kloster*, schöner Blick von *Schloßterrasse*. Aufw in den *Schloßhof* (21) mit *Löwenbrunnen*. Re der *Saal-* oder *Hochbau*, 1582. Abw durch zwei Torhäuser auf den *Luitpoldplatz* und li zur Einkehr im traditionsreichen *Brauerei-Gasthof Bayerischer Hof* (22).

---

SEIT 1826
Privatbrauerei und Gasthof

## Bayerischer Hof

Luitpoldpl. 17 · 8458 Sulzbach · Rosenberg
T: (0 96 61) 30 16

- Gutbürgerliche Küche
- Moderne Gästezimmer (70 Betten)
  (alle mit WC, Dusche und Telefon)
- Bierspezialitäten a.d. eigenen Brauerei
- Vom ADAC empfohlen

---

**Herzlich willkommen in der 1000jährigen Herzogstadt**

## Sulzbach-Rosenberg

**im Oberpfälzer Jura (Ostbayern)**

- Reizvolle JURA-Landschaft
- Gepflegte Gasthöfe in Stadt und Land
- Warmschwimmbad
- Lebendiges Brauchtum
- Kulturelle Aktivitäten
- Günstige Einkaufsmöglichkeiten

**Sehenswert:**
Erstes Bayerisches Schulmuseum — Städt. Heimatmuseum (Abteilung Bergbau und Hüttenwesen) — Literaturarchiv
**Auskunft und Prospekte:**
Städt. Fremdenverkehrsamt Sulzbach-Rosenberg, Bühlgasse 5, 8458 Sulzbach-Rosenberg, Telefon (0 96 61) 5 10 - 0 (Durchwahl 5 10 - 1 10)

## Neukirchen — Peilstein — Osterhöhle — Lockenricht — Röckenricht — Hartenfels — Neunkirchen

🚩 🅿 ⛺ 🍽 ✠ 🕳

**Weg und Zeit** — 12,5 km — 3¼ Stdn.
**Anfahrt** — B 14, 5 km östl. von *Weigendorf* Abzw über *Pilgramshof* und *Ermhof*. Oder B 85, Abzw *Kummerthal*.
**Parken** — Am Bahnhof oder vor *Gasthof »Zur Post«*.
**Charakteristik** — Route ist gespickt mit Wanderzielen: Bizarre Felsen, zahlreiche Höhlen, Ponordoline, großartiger Panoramablick vom *Hartenfels*.

OM ● **Neukirchen — Peilstein — Osterhöhle** — 1 Std — Gegenüber in *Bahnweg* und *ohne Zeichen* oben neben Bahnstrecke 1 km ostwärts. An Bahnbrücke *Schönlinder Str* kreuzen und mit [6], *Ww*, aufw, nach 300 m re üb Bahnsteg und abw. Unten in Kurve 70 m ger Feldweg, li aufw. Am Wald li, nach 70 m re, steiler Waldpfad *AP Kuhfels*. Abw
MA und li, oberhalb Bahn bis Brücke. Jetzt mit *Rotstrich (-punkt)* und [3] re, Gab li und nach 100 m li, um Sperre, durch Felder. Am Wald Teilung: Re *Höhlenweg* [3], ger bequemer Wanderweg *Rotstrich* (re *Geißkirche*). Nach 600 m kommen beide zusammen. Bei Gab li, bald an Feldern entlang, dann wieder re in Wald. Vor Fels li, dann re (*Bärenloch*). Bei gr *Doline* wieder Trennung. *Rotstrich* und *-punkt* re aufw, ger durch Felder, dann im Wald neben Felsberg
MW eben bis Str. Mit *Rotpunkt* kreuzen, bald aufw, und abw zur Hütte vor *Osterhöhle*. (Gr. Schauhöhle, Apr. — Okt.)

MW ● **Osterhöhle — Lockenricht — Röckenricht** — 1 Std — Nach Höhle mit *Gelbkreuz* (kurz auch *Rotstrich*), li Ri *Sulzbach* aufw, oben li, an Tafel [4] re abw. Mit Querweg eben li, an Gab (Lehrtafel) li, nach 30 m nochmal li. Dann Weg kreuzen, Pfad abw, Foststr 350 m li, dann re abw. Pfad windet sich durch Wald, stößt nach 250 m an Felder, dann mit Fahrweg li und über Geländewelle am Wald lang hinunter nach *Lockenricht*. Str kreuzen, durch Hof und re, Gab li, oberer Weg. Am Waldende leicht re durch Felder, am Wald mittlerer Weg aufw. Dann Fahrweg bis *Röckenricht*. *Ohne*
OM *Zeichen* re zur Einkehr im *Gasthof Sperber*.

● **Röckenricht — Haghof — Hartenfels — Neunkirchen** —
OM 1¼ Stdn — Vom Gasthaus abw und mit [6] li, *Ww Klaffertal*,
MW dann auch *Gelbkreuz* Ri *Neukirchen*. Flurstr, nach 500 m re am Trafo vorbei durch Tunnel und re herum. An gr Feldflur *Ww*. Ri *Oberreinbach*, li 25 m am Wald lang, dann li durch Wald (re Felsberg). Felder streifen am rechten Wald entlang, dann re durch auf die Felder und re zum *Haghof*. Davor (auch *Rotring*) li aufw an Scheunen vorbei und ger

*im Wald hoch. Nach 400 m biegt Gelbkreuz re ab, mit Rotring weiter. Die Förderrichter Flur re umgehen, dann Str MW 70 m abw. Jetzt li, Ww Hartenfels, auf Pfad zunächst unterhalb der Felsberge, dann mit Steig durch Felsen. Der gut bezeichnete Pfad führt durch abwechslungsreichen Wald immer auf der Höhe bis zum 1 km entfernten AP Hartenfels. Von dort mit Rotstrich steil abw, den mächtigen Felsblock im Rücken. Unten li durch Felder zur Str und re. Vor MW Kirche li, Spielplatz mit Bach über Querstr. In Siedlerstr aufw, Bahnweg re zur Einkehr im Gasthof zur Post oder in der Bahnhofsgaststätte.*
S. auch Information *Neukirchen* S. 122. Farbbild S. 104.

---

### Restaurant – Pizzeria „ZUR POST"

**Pächter Erich Fischer**
Täglich geöffnet von 11.00 bis 1.00 Uhr
Dienstag Ruhetag
Deutsch-Italienische Küche
Gemütliches Gast- und Nebenzimmer, schattiger Biergarten
**8459 Neukirchen · Bahnhofstr. 3 · Tel. (0 96 63) 13 65**

### „BAHNHOFGASTSTÄTTE"

**Pächterin Manuela Fischer**
Täglich geöffnet von 10.00 bis 1.00 Uhr
Gutbürgerliche Küche · Mittwoch Ruhetag
**8459 Neukirchen · Bahnhofstr. 2 · Tel. (0 96 63) 8 05**

---

### *Gasthof Sperber*

**Röckenricht, Telefon (0 96 63) 5 22**

Bekannt gute oberpfälzische Küche
Spezialitäten aus eigener Schlachtung
Urgemütliche Gasträume,
ein im ländlichen Stil gehaltener
Speisesaal
und ein schattiger Biergarten
laden zum Verweilen ein.

Auf Ihren Besuch freut sich
Familie Sperber

## Pesensricht — Illschwang — Gehrsricht — Schöpfendorf — Osterloch — Pesenricht

☒ 🏛 ● 🗹 ⌂ ⌂

**Weg und Zeit** — 9,5 km — 2½ Stdn.
**Anfahrt** — Von *Sulzbach-Rosenberg* Ri *Lauterhofen* (8 km). O. A 6, Ausf. *Sulzbach-Rosenberg*, 2 km Ri *Sulzbach*.
**Parken** — P *Gasthof Reiff* oder P bei *Illschwang* an der Str *Pesensricht* — *Schöpfendorf*.
**Charakteristik** — Route führt zu interessanter Kirchenburg und zu einer geheimnisvollen Karsthöhle. Eine kurzzeitige Gratwanderung verlangt Trittfestigkeit.

● **Illschwang** — Ein malerisches Dorf mit alter Wehrkirche, der heute noch einzigen *Simultankirche* im *Sulzbacher Raum*. Der Ort, der zu den ältesten der *Oberpfalz* zählt, liegt umgeben von bewaldeten felsenreichen Höhen in einem Trockental des *Oberpfälzer Jura*. Das Dorf hat sich in den letzten Jahren fein herausgeputzt, der Dorfplatz wurde schön gestaltet und viele alte Gebäude wurden beispielhaft saniert.

● **Osterloch** — Wohnhöhle aus *Hallstatt*- und *La-Tène-Zeit*, in der schon die Eiszeitjäger gehaust haben sollen, was gefundene Werkzeuge aussagen.

OM  ● **Pesensricht** — **Illschwang** — ½ Std — Mit Str vom *Gasthaus Reiff* aufw und 150 m Ri *Illschwang*, dann mit [9] li br Waldweg aufw, nach 320 m Gab re und bei nächster Gab wieder re eben weiter. Dann abw, unten Schrägkreuzung und eben durch Fichtenwald, bald li abw und auf ebenem Querweg re am Sportplatz entlang, Str abw nach *Illschwang*. Vor dem Ort re, dann li oberhalb der Str zum Trafohaus und li zur Kirche. *Kirchberg* re zur Rast im *Gasthof Weißes Roß*.

● **Illschwang** — **Gehrsricht** — **Schöpfendorf** — **Osterloch** — 1 Std — Nach Besuch der *Kirchenburg* beim *Gasthof* die Treppen abw, *Am Dorfplatz* li, bei *Kruzifix* li in *Wiesenstr* und re *Am Fichtelberg* [6, 7 und 14]. Am Wald li, Gab re aufw, bei Jagdhaus eben und nächste Gab re, Hauptweg aufw. Oben li eben, bald abw nach *Gehrsricht*. Str kurz re, dann
MA *ohne Zeichen* li aufw, draußen abw. Unten vor Bach re Ri
OM *Schöpfendorf*, dort Str kreuzen, mit *Blaukreuz* ger, am Wald *ohne Zeichen* 50 m re, dann Pfad re, Serpentinen aufw. Auf Felskamm 120 m li und mit [8 und 10] Felssteig aufw zu Sitzgruppe und *Kruzifix*. Ger, nach 70 m kommt *Rot*- und
MA *Weißpunkt* von li. Hier gähnt li unterhalb das *Osterloch*.

● **Osterloch** — **Pesensricht** — 1 Std — Mit *Rot*- und *Weißpunkt* auf dem Kamm eben ger. Nach 600 m kreuzt Fahrweg, noch 80 m ger, dann li eben durch abwechslungsrei-

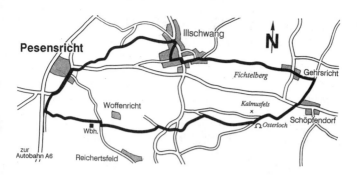

chen Wald, am Acker kurz li abw, dann in gewohnter Ri bis zur Str *Illschwang—Reichertsfeld*. Diese kreuzen und Hang aufw, [9] kommt hinzu und mit allen Zeichen aufw. Oben bei Gab li, bald auf schönem ebenen Weg. Re unten durch die Stämme blinzelt *Woffenricht*. Nach 900 m Gab, re *ohne Markierung* am Wbh vorbei zur Str. Mit Str 20 m re, dann li zwischen den Feldscheunen durch. Dann re an der dritten Scheune vorbei und am Waldrand entlang auf Fahrweg abw. Unten neben der Str auf Altstr re nach *Pesensricht* und zur Einkehr im *Gasthof Reiff*.

OM

## *Gasthof – Pension Reiff*

Familie H. Reiff · Tel: (0 96 66) 2 77
8451 Pesensricht

Beliebt durch preiswerte, gutbürgerliche Küche und rustikale Brotzeiten.
Moderne Fremdenzimmer mit Dusche,
herrliche Waldwanderwege,
1 km zum beheizten Freibad.

Inhaber: Anni und Herbert Nägerl
Am Kirchberg 1 · 8451 Illschwang
Telefon (0 96 66) 12 33 · Telefax (0 96 66) 2 84

Idyllisch gelegen, ländlich und fein. Ein Kleinod Oberpfälzer Gastlichkeit.
Seit 1840 im Familienbesitz. Oberpfälzer Spezialitäten, Hausmannskost aus eigener Metzgerei. Gaststube, Pilszimmer, Speiseraum, Kaminzimmer, Saal für 200 Personen, geeignet für Familienfeiern, Hochzeiten und Tagungen.
Zimmer mit Dusche, WC sowie teilweise Telefon, TV, Balkon und Lift. Fernsehzimmer, Leseraum und Sonnenterrasse.

## Hartmannshof – Weigendorf – Hellberg – Högen – Lichtenegg – Guntersrieth – Hartmannshof

🗾 🏞 🏰 ⚔ ❋ ❋ ⌒

**Weg und Zeit** – 14 km – 3½ Stdn.
**Anfahrt** – B 14, in *Hartmannshof* Ri *Hunas, Deinsdorf.*
**Parken** – Am Bhf. in *Hartmannshof.*
**Charakteristik** – Nach aussichtsreicher Höhenwanderung geht es in ein liebliches Tälchen und hinauf zu den Resten einer Burg mit weitem Rundblick.

● **Lichtenegg** (583 m) – Die Ruine der einst stolzen Burg der *Grafen von Sulzbach* bietet an klaren Tagen eine einzigartige Rundsicht. Neben den Höhen der *Frankenalb* und des *Oberpfälzer Juras* kann man hinter *Sulzbach* und *Amberg* den *Oberpfälzer Wald*, im Nordosten den *Steinwald* und am *Rauhen Kulm* vorbei das *Fichtelgebirge* erkennen.

● **Hartmannshof – Weigendorf – Hellberg – Högen –**
*MA* 1¼ Stdn – Mit *Rotkreuz* und *-punkt* östl. am Bahndamm entlang. Nach 850 m Wohnhaus und 200 m später über
*OM* den Bach und *ohne Zeichen* mit Str re. Nach 200 m an Abzw *Ernhüll* steht alter Nürnberger Grenzstein. Re B 14
*MA* kreuzen und mit [*1, 2*] und *Blauring* ger aufw, oben li zum Wald und durch. Draußen noch 100 m, dann bei der ein-
*OM* zelnen Eiche mit [*1*] li, auf ebenem Weg bald am Wald entlang, später in gewohnter Ri im Wald weiter. Bei Gab re eben weiter und 250 m danach re hinaus und durch Felder zum Weiler *Hellberg*. Schöne Aussicht. Jetzt durch die Höfe und mit der Str li, an Sportplatz und Wasserhaus vorbei. 600 m nach *Hellberg* über Querstr und auf Feldweg
*MA* mit *Rotpunkt, Ww Büchelberg*, 100 m ger, dann re und bei
*MW* Feldscheune li. 80 m nach Feldscheune mit *Grünpunkt* re aufw, nach 100 m li zum Wald und davor re durch die Hochäcker. Am nächsten Wald leicht li aufw (lichter Kiefernwald). Auf Querweg re und mit nächstem Querweg re hinunter nach *Högen* zur Einkehr im Gasthof *Sternwirt*.

● **Högen – Lichtenegg** – ¾ Std – Vom Gasthaus re, zwi-
*OM* schen Gasthaus und ehem. Schloß *ohne Zeichen* ins Quellgebiet des *Högenbaches* und, dem Talverlauf folgend, nach
*MA* *Unterhögen*. Hier mit *Blaupunkt* hinter ehem. Mühle li über Bach, Str kreuzen und ger aufw, *Ww*. Zunächst Wald, nach 300 m vor Ackerflur Gab, re auf grasigem Feldweg. Am nächsten Wald 25 m re, dann wieder li am Wald ent-
*MW* lang und re durch die Felder. Mit *Rotkreuz* aufw nach *Lichtenegg*. egg. Einkehr: *Landgasthof »Zum Alten Schloß-Wirt«*.

● **Lichtenegg – Guntersrieth – Hartmannshof** – 1½ Stdn –
*MW* Vom Gasthof abw zur gr Linde und hier mit *Grün-* und *Rotpunkt* re, auf Schotterstr 300 m, dann li zum Wald und auf

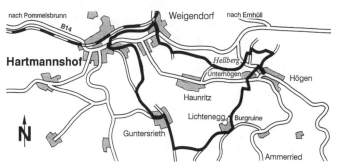

fast ebenem Waldweg 500 m zu gr Ackerlichtung. Jetzt mit
*Grünpunkt* re abwärts, unten li, 500 m am Wald und über
zwei kl Höhen. Dann Querweg, mit *Gelbstrich* re durch die   MW
Felder nach *Guntersrieth*. Nach Ortsschild li und mit *Blaupunkt* und *Gelbstrich* ger aufw durchs Dorf. Ortsende. Str-
Gab, re Ri *Hartmannshof*, 600 m auf Str. Nach dem Waldstück re am Waldrand weiter, dann schöner Weg direkt an
Steilkante durch Wald. Nach 700 m re, neben dem Wohngebiet auf Pfad im Wald weiter. Bald Fahrweg kreuzen und
wenig später kurz steil abw und li hinaus. In *Hartmannshof*
mit Str 100 m abw, dann an zweiter Lampe *ohne Zeichen* re   OM
Stufen abw, kurz re, dann li an *Kirche* vorbei zum P .

### Gasthof – Pension
## „Sternwirt"

Hans und Brigitte Haas
8561 Högen · Tel. (0 96 63) 4 25
Bahnstation: Hartmannshof

Neuerbaute Pension. Zimmer mit Dusche, WC, ZH, Fernsehen und Balkon. Für das leibliche Wohl sorgt der Sternwirt. Seine Speisekarte ist
eine wahre Gaumenfreude. Köstliche Brotzeiten aus eigener Hausschlachtung. Zum Kaffee erhalten Sie tägl. frisches hausgemachtes Gebäck.
Geheimtip: Probieren Sie unsere berühmten Windbeutel.
BIERGARTEN
**Auf Ihren Besuch freut sich Familie Haas**

### Landgasthof
## »z. ALTEN SCHLOSS-WIRT«
**Familie Raum · Telefon (0 96 63) 6 29
8451 Lichtenegg**

Zufahrt B 14 Hartmannshof/Weigendorf, Abzweigung über Högen

*Das beliebte Ausflugsziel für nette Leute*

**Herzhafte Brotzeiten, 4 Sorten Faßbier,
schmackhafte Schmankerln,
hausgemachte Kuchen und Torten
Biergarten im Sommer
Ski-Langlaufloipen im Winter**

Eigene Wurstküche
und Bauernräuche     – montags geschlossen –     Selbstgebackenes
Bauernbrot aus
reinem Natursauer

## Haunritz — Hellberg — Unterhögen — Lichtenegg — Ammerried — Lichtenegg — Haunritz

🏔 🖼 🗻 🏰 ✳ ✳ ⛰

**Weg und Zeit** — 10 km — 2¼ Stdn.
**Anfahrt** — B 14, bei *Weigendorf* Abzw *Högen — Illschwang*.
**Parken** — Gäste-P *Pension Haunrat* und *Gasthof »Alter Fritz«*.
**Charakteristik** — Vom lieblichen *Högenbachtal* geht es auf die Albhöhe. Nach der umfassenden Aussicht von der *Ruine Lichtenegg* (s. vorige Wanderung) führt eine schöne Waldwanderung zu interessanten Felsformationen.

● **Haunritz** — Malerisch im oberen Högenbachtal gelegenes Dorf. Schon 1317 Hammerwerk und Adelssitz der Nürnberger Patrizier Tetzel. 1668 mit Schloß Högen an Fürstlichen Hofrat und Kanzler zu Sulzbach, Christian Knorr von Rosenroth. Verfasser verschiedener wissenschaftlicher Schriften und geistlicher Lieder. Bekanntes Gesangbuchlied »Morgenglanz der Ewigkeit«.

● **Haunritz — Hellberg — Unterhögen — Lichtenegg** — ¾ Std
— Mit Str Ri *Högen*, 200 m nach *Gasthof »Alter Fritz«*, mit
MA  Grünpunkt li steil aufw. Pfad führt durch Wald am Felsen
MW  *Alter Fritz* vorbei zum Weiler *Hellberg*. Auf Str mit *Gelbpunkt* re, 600 m bis Einmündung. Hier (!) sofort unterhalb
MW  der Kiefern mit *Blaupunkt* re abw, am Trafohaus vorbei, hinunter nach *Högen*. Beim Backofen re und nach ehem. Mühlengebäude li über Bach. Str kreuzen und aufw durch Wald. Oben an Acker Gab, re auf grasigem Feldweg, dann am Wald aufw und re durch die Felder auf die Burgruine
MW  zu. *Rotkreuz* führt hoch und durch den Wirtsgarten wird der *AP Burgruine* erreicht.

● **Lichtenegg — Ammerried — Türkenfelsen — Hänsel und Gretel — Lichtenegg** — 1 Std — Vom Gasthaus abw zur gr
MW  Linde, die Str kreuzen und mit *Rotring* (auch *-punkt*) li neben dem Stadel am Trafohaus vorbei zum Wald. Hier li und bald durch schönen Wald, dann re abw und re um eine Ackerlichtung. Dann auf Waldpfad weiter an herrlichen Felspartien vorbei, leicht re über einen Kamm und danach li. Bei Gab, an alter Buche, re auf ebenem Pfad weiter, später abw zum Fahrweg und mit diesem am Acker entlang zur Str. Mit Str aufw am Weiler *Ammerried* vorbei und 80 m nach Ortsschild re ab zum Wald. Waldweg leicht aufw, dann Trockengraswiese oberhalb von *Wurmrausch*. (!) Jetzt mit *Rotring* re steil aufw und auf Felskamm li. Nach 300 m Gab, re zu 700 m entfernten *Türkenfelsen*, einer wehrmauerförmigen Felswand mit Tor. Etwa 120 m danach re auf einen Felskamm und bald etwas li abw. Unten

*re zu zwei Felssäulen, Hänsel und Gretel.* Am folgenden Felskoloß, *Hoher Fels,* re vorbei und li steil abw (!) durch Jungfichten. Vor dem nächsten Felsberg li, kurz neben Akker, dann re aufw. Auf Kamm Querweg kreuzen und dann abw bis *Lichtenegg.*

● **Lichtenegg – Haunritz** – ½ Std – Vom Gasthaus abw und mit *Rotkreuz* (auch *Blaupunkt*) re. Nach letztem Gehöft (*Blaupunkt* ger) br Weg re durch Felder, nach Kurve re abw und mit zweitem Feldweg li über kl Geländewelle und abw nach *Haunritz.* Ger über Bach zur Einkehr in *Pension Haunrat* oder re mit *Grünpunkt* durchs Schlößchen am Bach entlang zum *Gasthof „Alter Fritz".* *MW*

*MW*

## Pension Haunrat
### Inh. Familie Seitz

Unser ruhiges und sehr gepflegtes Haus ist unsere besondere Empfehlung. Familiäre Atmosphäre, im rustikalen Stil eingerichtete Gästezimmer, Sauna, Solarium und Whirlpool (gegen Gebühr). Romantischer Grillplatz und gemütliches Gastzimmer. Alle 14 Tage „Hutza-Abend". Alle Zimmer mit Dusche, WC, Balkon, Minibar und Fernsehanschluß.

**8561 Weigendorf 1 · Haunritz 67 · Tel: (09154) 4673**

**Gasthof und Metzgerei**

## „Alter Fritz"

**Familie Georg Mayer**

**8561 Haunritz 2**
**Tel: (09154) 4700**

Räume für Veranstaltungen aller Art
Fremdenzimmer
Gutbürgerlicher Mittags- und Abendtisch
Dienstag Ruhetag

## Schwend — Wirtshänge — Kühfeste — Buchenberg — Hirschricht — Schwend

◩ ⧈ ⧈ ⧈ ⧈ △

**Weg und Zeit** — 9 km — 2¾ Stdn.
**Anfahrt** — Von *Nürnberg* auf A 6, Ausf. *Sulzbach-Rosenberg*, an der Str *Lauterhofen — Sulzbach*, 2 km südl. der BAB.
**Parken** — In *Schwend* auf Gäste-[P] *Birgländer Hof*.
**Charakteristik** — Überwiegend bequeme Wege durch herrliche meist aus Buchen bestehende Wälder. Das Kraxeln auf dem Felsensteig, über die *Kuhfeste* zum *Buchenberg*, ist nicht ganz ungefährlich, aber es lohnt wegen der unvergleichlichen Aussicht auf das *Birgland*.

● **Schwend** — Erholungsort (540 m), in einer Geländeschüssel gelegen, von mischwaldbestandenen felsenreichen Höhen umrahmt. Geprägt von dem 1951/52 erbauten *Kirchlein*.

● **Schwend — Gumpenberg — Wirtshänge — Kühfeste** — 1¼ Stdn — Vom [P] aus geht es re, dann li an der *Kirche* vorbei und re. Oben sofort mit [2] halbre auf dem Feldweg
MA und nach 130 m re abw in die Senke zu den Sträuchern und am Wald entlang. Im Wald, auch [4], auf bequemem Weg allmählich aufw, dann Fahrweg ger und bei Gab mit
MW [3]—(4 re) — li auf ganz rechtem Wege 100 m. Mit Querweg re zum Wald hinaus und li am Waldrand entlang. Vor Waldspitze li hinein, bald steigend und auf Kamm geruhsam weiter. Bei Gab ger, dann kreuzt *Wandern ohne Gepäck*, Gab danach li, Weg eben durch dunkle Fichten etwas re. Nächsten Fahrweg li abw [3 auch 4], über die nächste Kreu-
MW zung und danach mit [5] re ab (auch *Blau- und Grünpunkt*). Gab ger durch Fichten und re zur Wiese, dort li Ri Str. Schräg kreuzen und drüben am Wald li abw, knapp 200 m, dann mit Feldweg re. Am Wald Gab re hinein und aufw. Oben Gab li um die Fichten (auch *Blaustrich*). Jetzt an Steilkante der felsigen *Wirtshänge* entlang. (!) Nach ca. 600 m im dichten Fichtenwald scharf re (*Blaustrich* ger) und nach 70 m li herum und am Felsberg (ger Felskopf) vorbei li abw. Nach 120 m Felshaufen li, dann re durch die Felsbrocken und hinter den Felsen weiter. Dann kreuzt *Blaustrich* und [27], [5 biegt li ab.)

● **Kühfeste — Buchenberg — Hirschricht — Schwend** — 1½ Stdn — Jetzt beginnt der Felssteig, wer ihn meiden will, sollte kier kurz re abw und mit Fahrweg li, parallel mit
MW *BAB*, nach *Hirschricht* wandern. Die [6] führt aufw durch den Felsenwirrwarr *Kühfeste* mit schönen Aussichtspunkten. Die *Franzosen* hatten schon im 18. Jh. während des *Spanischen Erbfolgekrieges* hier Beobachtungsposten.

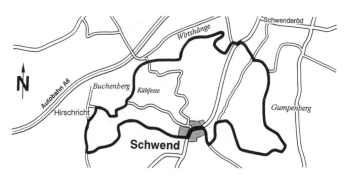

Nach 800 m biegt die [6] li ab, jetzt mit [7] ger weiter durch *MW* Felsen auf den aussichtsreichen *Buchenberg* (633 m). Dann geht es re abw, von den Felsen weg, hinunter nach *Hirschricht*. Li durch den Ort und 300 m auf Str. Dann (!) li durch die Felder, im Wald re und Gab li aufw. Oben vorbei an kl Lichtung, kurz eben, dann br Weg abw [7]. Querweg li, auch [8], grasig, bald re abw am Acker entlang und durch die Felder nach *Schwend*. Mit Str li, dann re, zu gepflegter Einkehr im *Hotel-Restaurant Birgländer Hof.*

Hotel-Restaurant-Café

Familie Bachmann

2 km unterhalb der Autobahnausfahrt Sulzbach-Rosenberg-Schwend der A 6 von Nürnberg nach Amberg. Waldnahe Südhanglage mit schöner Aussicht. Ruhige, große Terrasse. Ausgezeichnete Küche, liebenswürdiger Service, gemütliche Galträume. Hervorragendes Kaffee- und Kuchen- und Eisangebot.
2 Kegelbahnen, Kinderspielplatz, 18er Minigolf, jeden Samstag Tanz. Ausgangspunkt und Ziel großer und kleinerer Wanderungen. Gut markierte Wanderwege. gespurte Skiwanderloipen. 36 Zi.-Du.-WC.-Lift, 60 Betten, Hallen- & Freibad und Whirlpool, Sauna, Dampfbad, Fitness- und Bräunung, Sonnenterrassen- und Balkone. Ab 1992 Tennishalle
8451 Schwend, Tel. (0 96 66) 18 90, Fax 18 913
Ganzjährig geöffnet – Kein Ruhetag

## „Sulzbacher Bergland"
### im Landkreis Amberg-Sulzbach

**Urlaub, Entspannung im Fremdenverkehrsgebiet**

- Gepflegte Gasthöfe
- Wandern, Radwanderstrecken
- Beheizte Freibäder, Hallenbäder, Campingplatz
- Naherholungszentrum mit Trimm-dich- und Waldlehrpfad
- Wandern ohne Gepäck

Fremdenverkehrswerbegemeinschaft Sulzbacher Bergland
Birgland, Etzelwang, Illschwang, Neukirchen, Sulzbach-Rosenberg, Weigendorf im Oberpfälzer Jura

**Auskünfte und Prospekte:**
**„Sulzbacher Bergland", Bühlgasse 5, 8458 Sulzbach-Rosenberg, Tel. (0 96 61) 51 01 10**

## Eckeltshof — Kirchtal — Troßalter — Bärnfels — Haslach — Wolfertsfeld — Eckeltshof

🚌 🚗 🅿 ✳ ✳ ⌂

**Weg und Zeit** — 10,5 km — $2^{3}/_{4}$ Stdn.
**Anfahrt** — A 6, Ausf. *Alfeld*, Abzw. in *Alfeld*. Oder *Hersbruck, Thalheim, Fürnried*, dort über *Troßalter*.
**Parken** — Am *Gasthaus »Zum Ritter«* oder gegenüber.
**Charakteristik** — Auf einsamen Wanderpfaden geht es durch idyllische Täler und abwechslungsreiche stille Wälder zum *»Bärnfels«*, einem Dolomitkoloß mit herrlicher Aussicht. Der Rückweg führt über eine Einöde, dann durch freie Flur mit schönem Rundblick über das weite *Juragebirge* mit seinen bewaldeten Felsbergen.

● **Buchhof** — Kleines Albdorf zwischen Eckeltshof und dem Bärnfels gelegen. Im Ort erinnert ein Denkmal an Johann Flier, den Begründer der Papua-Mission auf Neuguinea, der als Sohn des Gürtler Ehepaares Flier hier am 16. April 1858 geboren wurde. Aus der von ihm gegründeten Mission wurde 1956 die evang. luth. Kirche von Neuguinea, die erste Tochterkirche der evang. luth. Kirche in Bayern. Auf dem Gedenkstein der Kirchhofmauer im nahen Fürnried steht: »Er öffnete den Papuas das Tor von der Steinzeit und Kannibalismus zur Neuzeit.«

● **Eckeltshof — Kirchtal — Troßalter — Bärnfels** — $1^{1}/_{2}$ Stdn —

*MA* Vom Gasthaus 100 m in Ri *Alfeld*, dann mit *Gelbkreuz* re, *Ww Kirchtalmühle*, zwischen Gerätehalle und Scheune hindurch, hinaus auf die freie Flur. Bei Gab re durch die Feldhecken und re abw, vor Wald li durch Äcker, dann re, im Wald sofort li auf schönem Wanderweg durch herrlichen Wald, dem Trockental folgend, stets leicht abw. Nach 800 m kommt *Blaupunkt* von re und mit beiden *Zeichen* ger weiter, danach durch die Felsbarrieren, denen das trockene Bachbett nach li ausweicht. Im querverlaufenden Tal re, *Gelbpunkt* kommt hinzu, mit allen *Zeichen* leicht aufw durch Waldspitze und abw durch Felder. Am nächsten
*MW* Wald *Ww*, mit *Blaupunkt* (auch *Rotpunkt*) re aufw, nach 200 m Gab re durch Halbhohlweg neben kl Schlucht. 200 m später wird Acker re umgangen und aufw, durch nächste Felderflur ger aufw, dann Str kreuzen. *Ww* an Garage, der Weiler *Troßalter* wird auf grasigem ebenen Weg oberhalb umgangen. Bei Gab unten ger und am Wald mit
*MW* *Rotpunkt* re auf ebenem Waldweg. Bald etwas abw, re um eine Wiese, dann Gab, li durch Wald und an alten Buchen li aufw an Felsbergen vorbei, bald re biegend. Kurz Fahrweg, dann re unterhalb auf schönem Pfad weiter. Nach 900 m auf der Forststraße 130 m, dann re (auch *Gelb-*

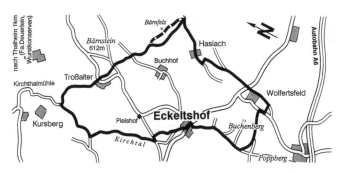

*strich*). Durch Wald über Fahrweg und aufw zum 400 m entfernten »*Bärnfels*«.

● **Bärnfels − Haslach − Wolfertsfeld − Eckeltshof −** $1\frac{1}{4}$ Stdn − Auf gleichem Weg 400 m zurück zum Fahrweg und mit *Gelbstrich* li, *Ww Poppberg*. Stetig abw zur Einöde MW *Haslach* und unterhalb, am Wald, kurz li, dann re abw, bald aufw durch freie Flur mit schönem Rundblick zur Str. Diese kreuzen und Ri *Wolfertsfeld*. Am Sportplatzende leicht li und abw. Unten, bei Baumgruppe, *ohne Markie-* OM *rung* ger durch die Wiese und am Acker re, an Feldhecken entlang zur Str. Mit Str 80 m re, dann li in die Felder. Bei Gab li. Fahrweg mit Grasnarbe führt immer am Waldrand des *Buchenberges* entlang, fällt später und stößt am Querweg auf *Gelbkreuzmarkierung*. Mit diesem *Zeichen* jetzt re MA in den Wald bald etwas abw und am Waldende halbli durch die Felder über die Geländewelle nach *Eckeltshof* zur Einkehr im *Gasthaus zum Ritter*. Auf der Heimfahrt in *Thalheim* die guten Wurstwaren von *Rudolf Deuerlein* nicht vergessen!

## Gasthaus zum Ritter

## Familie Kölbel

Eckeltshof 8
8451 Birgland
Tel.: 09157/394

- Empfehlenswerte Küche
- Saisonbedingte Gerichte
- Donnerstag Schlachtschüssel
- Dienstag Ruhetag

## Lauterhofen — St. Lampert — Pfaffenhofen — Kastl — Mennersberg — Pattershofen — Lauterhofen

**Weg und Zeit** — 13,5 km — 3½ Stdn.
**Anfahrt** — A 6, Ausf. *Alfeld*. Oder B 299 *Neumarkt—Amberg*.
**Parken** — *Lauterhofen, Gasthof zum Neuwirt*.
**Charakteristik** — Überwiegend *unmarkierte* feste Wege führen durch stille Wälder und aussichtsreiche Feldfluren zu heimatkundlich interessanten Wanderzielen. Rückweg durch das *Lauterachtal* mit schönen Jurahängen.

● **Pfaffenhofen** — Ehem. Pflegamt, romanisch/gotische *Kirche* und *Karner* aus Bruchsteinen err. Mittelalterl. Burgruine, 11. Jh., Lehensburg der *Kastler Grafen*.

● **Kastl** — Ehem. Doppelkloster auf Grund einer Burganlage. Dreischiffige Basilika. Seit 1958 ungarisches Gymnasium. Ersteigung lohnt, Anlage und Basilika offen, herrliche Aussicht.

● **Lauterhofen** — Ehem. *Fränkischer Königshof* am Eingang des *Lauterachtales*. 725 erstmals erw., seit 1125 Markt. Überragt von mächtiger Klosterburg mit dreischiffiger Basilika mit einem der ältesten Tonnengewölbe Süddeutschlands.

● **Lauterhofen — St. Lampert — Pfaffenhofen — Kastl** —
MA  2 Stdn — Vom |P| durch die Wiese re über den Steg und auf grasigem Weg zur Str. Mit *Blaustrich* li *Martinstr*, dann *Lampertistr* aufw. Fußweg kreuzen, Str Ri *Mantlach*, nach
OM 400 m li, *ohne Z*, Fahrweg zum Wald, dann re 1 km am Wald lang und durch Waldspitzen. Auf freiem Feld Kreuzung, jetzt Fahrweg re abw zur Str, Str li bis *St. Lampert*. Blick durch Fenster neben Kircheneingang. Str kreuzen, drüben li am Gedenkkreuz vorbei ger, Teerweg aufw. Am Wald Gab, ger, br Fahrweg aufw durch Wald, später waldumsäumte Feldflur. Oben Feldkreuz ger, bald abw ins *Lauterachtal*. In *Pfaffenhofen* re, an Kriegerdenkmal vorbei. Dann *Burgweg* aufw und nach 200 m li zur *Schwepper-*
MA *mannsburg*. Davor re, [*31*], auch *Burgenwanderweg*, am
OM Waldrand entlang bald abw. Unten *ohne Z* re, 450 m auf ehem. Bahndamm, dann Stufen li abw zum *Gasthof »Zum Forsthof«* zur gepflegten Einkehr.

● **Kastl — Mennersberg — Pattershofen — Lauterhofen** —
MA 1½ Stdn — Über Brücke zum *Marktplatz* und li *Martin-*
MW *Weiß-Str* mit *Gelb-, Blau-, Rotkreuz* ca. 500 m ger, dann *Ww Mennersberg* re aufw. Mit *Gelbkreuz* ger zum *Sportplatz*
OM und re nach *Mennersberg*. Am Ortsende beim *Marterl* ohne

Z li aufw, am Wald Gab re aufw. Jetzt bequeme Waldwanderung ohne Richtungsänderung eben, nach 200 m auf li Weg ger. Am *Grenzstein 154* li vorbei, dann unterhalb des Fahrweges ger weiter. (!) 70 m nach *Stein 158* (1 200 m ab *Mennersberg*) li abw. Am Waldende ger abw, an Scheune li abw nach *Pattershofen*. Auf Talstr 450 m re, an Felswänden vorbei, dann 25 m li und auf ehem. Bahnkörper durchs liebliche *Lauterachtal* mit seinen typischen Weißjurahängen und zahlreichen Mühlen bis *Lauterhofen*. Nach *Bachhaltermühle*: Str re abw und re über Wehr durch Wiese zur gemütlichen Einkehr im Gasthof zum *Neuwirt*.

## *Gasthof zum Neuwirt*

**Besitzer Max Ehrnsberger
8451 Lauterhofen, Brunnerstr. 2
Tel. (0 91 86) 2 47**

Neuerbautes Haus. Gemütliche Gastlichkeit in rustikalen Räumen.
Nebenzimmer für 70 Personen für Bus- und Reisegesellschaften. Familienfeiern.
Gutbürgerliche Küche – eigene Metzgerei.
Zimmer mit Dusche und WC.
Dienstag ab 14.00 Uhr geschlossen.

---

Gasthof

*„Zum Forsthof"*

*Reindl - Ruder*

- Gutbürgerliche Küche
- Eigene Hausschlachtung
- Geeignete Räume für Hochzeiten
- Betriebsausflüge, Versammlungen

**8455 Kastl, Amberger Str. 2, Tel: (0 96 25) 2 68**

## Hausen — Heinzhof — Bittenbrunn — Erlheim — Zant — Altmannshof — Hausen

▨ ▨ ▨ ▨ ▨

**Weg und Zeit** — 15 km — 3³/₄ Stdn.
**Anfahrt** — A 6, Ausf. *Ursensollen*, in *Ursensollen* li, Ri *Allersburg*, durch *Stockau* und an *Zant* vorbei.
**Parken** — P Gasthof »*Zur Alten Schmiede*« o. an der *Kirche*.
**Charakteristik** — Hügel und Täler, Wälder und Felder, das ist der *Oberpfälzer Jura*. Vom lieblichen *Hausener Tal* mit romantischem *Heimhofer Schloß* auf aussichtsreiche Jurahöhe vor dem *Hirschwald*, dann zum schön gelegenen *Kirchlein Zant* (516 m), mit herrlicher Aussicht.

● **Hausen** — Im gleichnamigen Tal gelegen, gehörte zur ehem. *Reichsherrschaft Hohenburg* und kam später an den *Regensburger Bischof*. Ehem. *Wallfahrtskirche St. Georg* wurde um die Jahrhundertwende neu errichtet.

● **Zant** — Neben noch vorhandenen Resten einer Burg aus dem 12. Jh. steht das *Wallfahrtskirchlein St. Josef* mit Rokokoeinrichtung und ältester Orgel des Kreises.

● **Hausen — Heinzhof — Bittenbrunn — Erlheim** — 1¹/₂ Stdn
— Von Kirche abw, am *Gasthof zur Alten Schmiede Bachstr* li
und re über Bach und *Heimhofer Str, Bergweg* kurz li, mit
MA [*35/1 und 38/4*] Talblick aufw. Oben Rückblick, *Heimhofer Schloß* und *Hausen*. Bei Gab re, nach 200 m li aufw. Am Wald Gab, li hinein, dann re an Wiese lang und ger in grasigen Wald. Nach 20 m Pfad li aufw, ebenen Querweg re, Akker streifen, am 2. Ackerende li, Fahrweg re abw. Mit Str li aufw, nach 500 m li Ri *Heinzhof*. Nach 600 m, Feldkreuz,
OM ohne Z re, Feldweg am Trafo vorbei, Gab li, Fahrweg ger. Nächste Gab li, am Wbh vorbei, am Wald entlang. Dann im Wald nach 50 m li, Wiese streifen. Gab re, Fahrweg mit
MA [*38/4*] re. Nach 300 m Gab li, *ohne Z* aufw, am Waldrand
OM zur Str. Str-Gab mit schöner Kapelle, re vorbei, Flurstr, Blick über *Hirschwald* nach *Amberg*, und ger durch *Bittenbrunn*. Ortsende Gab re, am Trafo vorbei abw, Feldweg, dann Wiesenweg aufw und Fahrweg re bis *Erlheim* und re abw zur gepflegten Einkehr im Gasthof *Erlhof*.

● **Erlheim — Zant** — 1 Std — Gegenüber *Erlhof, Meßleite* ger, nach Einzelhang Feldweg, hinter Feldschupfen li, abw in Senke. Feldweg kreuzen, Wiesenweg ger am Wald aufw. Im Wald nach Hohlweg li, eben, allmählich aufw, nach 200 m 40 m li, dann re in dichten Wald. Immer ger, fast eben. Weg biegt nach 700 m etwas li, dann mit Str 25 m re.
MA Jetzt mit *Rotpunkt* li, gut markierter Waldweg an Tümpel vorbei, dann li am Wald lang (*AP*). Wiesenende, br Waldweg, gr Dolinen, leicht re, dann Querweg, auch [*39/5*], li

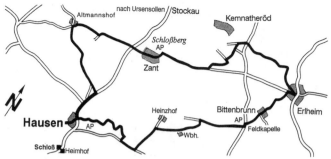

durch Senke und re 200 m im Waldschatten. Draußen nach Hecken mit Kreuz re durch Wiesen, Gab re oben, *Ww*. Im Wald abw zur *Kirche*.

● **Zant – Altmannshof – Hausen** – 1¼ Stdn – Die Stufen abw, mit *Rotpunkt* Steig re neben Str abw. Ortsstr re, aufw. Oben Str kreuzen, ger Str Ri *Altmannshof* abw. Unten kommt [3*9/5*], Str aufw, oben am Waldende mit *Rotring MW* und [*39/5*] li, *Ww Hausen*. Am Wald Gab re, dann Fahrweg li abw. Unten ger durch Felder zum Wald gegenüber und aufw, Fahrweg li, Waldende ger Ri *Hausener Kirche*. Abw, Str 200 m Ri *Hausen*, dann li ins Dorf. Auf bekanntem Weg zur gemütlichen Einkehr im *Gasthof »Zur Alten Schmiede«*.

---

# 𝔓ension „Zur Alten Schmiede"

Bes. Georg Eschbach
8451 HAUSEN, Telefon (09628) 262

Moderne Zimmer
mit Dusche und WC
Gutbürgerliche Küche
Lebendfrische Fische
Brotzeiten
Täglich frische Forellen

Montag Ruhetag
Freundlichst ladet ein Fam. Eschbach

---

# Gasthof
# *ERLHOF*

**Besitzer Familie Erras
8451 ERLHEIM 2
bei Amberg/Oberpfalz
Telefon (09628) 273**

Der Gasthof Erlhof liegt in ruhiger waldreicher Umgebung und bietet dem Erholungssuchenden Sommer wie Winter ideale Möglichkeiten für Spaziergänge und Wanderungen. Das gern besuchte Wildschweingehege Waldhaus liegt nur 3 km vom Haus entfernt. Räumlichkeiten von 20-400 Pers.

**Mittwoch** Tagesgerichte und Steaks
**Donnerstag** Schlachtplatte und Schmankerln
**Freitag** wird gefischt, außerdem Mehlspeisen
**Samstag** Tagesgerichte und Steaks
**Sonntag** verschiedene Braten und Steaks

Täglich frisches, hausgemachtes Gebäck sowie unsere berühmten Windbeutel. Jeden Nachmittag gibt es herzhafte Brotzeiten. **Montag und Dienstag ist Ruhetag (außer an Feiertagen)**

## Ammerthal — Pürschläg — Hermannsberg — Ammerthal

🖾 🖾 🏛 ▪ 🗠 🐎 🎿 ✳ ◿

**Weg und Zeit** — 12 km — 3 Stdn.
**Anfahrt** — A 6, Ausf. *Ursensollen*. Oder B 85, Abzw am Westrand von *Amberg*.
**Parken** — Dorfplatz oder Gäste-P *Ammerthaler Hof*.
**Charakteristik** — Auf meist festen Wegen geht es durch ein stilles, einsames Tal. Einem kurzen Aufstieg folgt eine Höhenwanderung mit sagenhafter Aussicht nach Süden und Westen, später auch in die östliche *Oberpfalz*. Ein gemütlicher Waldweg, der Abstieg ins Tal und Aufstieg in den Ortskern beschließen die erholsame Rundwanderung.

● **Ammerthal** — Malerisch auf einem *Jurafels*, am Schnittpunkt mehrerer Täler gelegen. Den Ort überragt die ehrwürdige *Liebfrauenkirche*, die im Kern aus der einstigen Burgkapelle besteht. Schon um 800 stand hier eine mittelalterliche Burg, ebenso wie gegenüber auf der Spitz. Die *Grafen von Schweinfurt*, die im 10. Jh. den *Nordgau* beherrschten, ließen hier eine gewaltige Burganlage mit Hauptburg und einer 2,2 Hektar umfassenden Vorburg errichten. Später ließ König *Heinrich II.* seine Truppen gegen *Graf Heinrich* ziehen und dabei auch die *Burg Ammerthal* zerstören. Nach der Aussöhnung bekam *Graf Heinrich* einen Teil seiner Besitzungen, darunter auch *Ammerthal*, wieder zurück. Noch 200 Jahre blieb der Ort Sitz eines hochadeligen Geschlechts, doch im 16. Jh. war die Burg derart verfallen, daß *Haller von Raitenbuch* auf dem Plateau einen neuen Sitz, das heutige *Hofmarkschloß*, bauen ließ. Über der Türe befindet sich noch ein Wappenrelief. Die aus Kalksteinen errichtete *Nikolauskirche*, westlich von Schloß, wurde vergrößert, wobei das alte Kirchenschiff bestehen blieb.

● **Ammerthal — Pürschläg** — 1¾ Stdn — *Ohne Zeichen* ne-
OM ben Gasthof, *Zieglerberg* abw. Am Ende der Kirchhofmauer li Pfad durch Hangwald und Felsen abw. Unten an Felswand über Bach, ger am Sportplatz vorbei, dann Fahr-
MA weg re mit *Markierung 41/6* ins *Pürschläger Tal*. Rückwärts Felswände mit Baumschopf, gekrönt von *Ammerthal* mit beiden Kirchen. Nach 1000 m mit Rechtsknick durch Bach und am Wald sofort li, Pfad im Schutze des Waldmantels dem Bachlauf folgend. Schöner Waldweg bis Fahrweg quert. 35 m abw, dann in gewohnter Ri weiter. Nach 300 m Fahrweg kreuzen und im spitzen Winkel auf Str zuwandern. Mit Str 100 m li, dann re, (auch *Blaukreuz*), *Ww Pfaffenhof*, an Einzelhaus vorbei. Gab li, am Wald ent-

lang weiter. Bald Gab ger, kurz am rechten Wald. Dann liegt re drüben auf Anhöhe *Gehrsricht*. Wo Fahrweg vom Ort kommt, mit *41/6* li aufw in den Wald. [*14*] und [*6*] kreuzen, ger aufw, oben li herum, [*6*] und [*14*] kommen wieder. Jetzt re auf ebenem Weg, später mit Fahrweg ger. Am Waldende *AP*, durch Wochenendsiedlung und re abw nach *Pürschläg*. 50 m vor Hauptstr re, dann li zur Durchfahrtsstr.

● **Pürschläg — Hermannsberg — Ammerthal** — 1¼ Stdn —
Mit Str 100 m re und vor Ortsende mit *41/6* li ab, Flurstr. Nach ca. 180 m re aufw, auch [*14*]. Schöne Aussicht bis zu den Höhen der *Frankenalb*. Bald abw und nach Waldstück li. Jetzt *ohne Z* ger, 40 m re, dann li zur Waldwiese. Hier re OM im Wald zwei kl Höhlen. Zurück zur Flurstr und mit *41/6* MA abw, dann re aufw. Am Ortsrand *Hermannsberg*, Str kreuzen und aufw. Li schöner Blick, *Ammerthal, Amberg* und *Maria Hilfberg*. Oben eben ger zum Wald, *Blaustrich* MW kommt hinzu, und mit allen *Z* li durch schönen Wald an Jagdhütte vorbei und li abw zur Str. Str abw nach *Ammerthal, Pürschläger Weg* li, dann ger, *Kirchensteig* am Sportplatz vorbei, über Bach und aufw an *Liebfrauenkirche* vorbei zum *Dorfplatz* und zur gepflegten Einkehr im *Ammerthaler Hof*.

# Ortsregister

| | | | |
|---|---|---|---|
| Alfalter | 60, 61 | Burg Veldenstein | 70, 73, 74 |
| Alfeld | 48, 80, 94, 96, 136, 138 | Burgthann | 40 |
| Allersburg | 140 | Cäciliengrotte | 118 |
| Almrauschhütte | 61 | Deckersberg | 82, 83 |
| Altdorf | 26, 37, 38, 39, 40 | Dehnberg | 20 |
| Altenthann | 38, 39 | Deinsdorf | 130 |
| Alter Fritz | 105 | Diepersdorf | 30 |
| Altmannshof | 140, 141 | Dillberg | 32, 37, 38, 44 |
| Am Alten Schloß | 58, 60 | Dörlbach | 40 |
| Amberg | 123, 124, 138, 142, 143 | Dreifaltigkeitskreuz | 74 |
| | | Düsselbach | 60 |
| Ammerried | 132 | Düsselwöhr | 98 |
| Ammerthal | 142, 143 | Eckeltshof | 136 |
| Amtsknechtshöhle | 118 | Edelsfeld | 112, 114 |
| Andreaskirche | 66 | Edelweißhütte | 90 |
| Ankatal | 66 | Eibental | 76 |
| Artelshofen | 62, 63 | Eibenthal | 77 |
| Arzbergturm | 90 | Eibgrat | 76 |
| Arzlohe | 80 | Eichelgartenponor | 70 |
| Aspertshofen | 59 | Engelthal | 92 |
| Auerbach | 70, 72, 105, 108, 114, 116 | Entenberg | 42, 43 |
| | | Enzendorf | 62 |
| Aussichtskanzel | 98 | Enzenreuth | 22 |
| Bachhaltermühle | 139 | Erlenstegen | 16 |
| Bärenloch | 126 | Erlheim | 140 |
| Bärnfels | 136 | Ermhof | 126 |
| Behringersdorf | 16, 17 | Ernhüll | 130 |
| Beide Brüder | 108, 109 | Eschenbach | 60, 78, 116 |
| Berg | 44 | Eschenfelden | 112, 113 |
| Bernheck | 72, 74, 75 | Etzeldorf | 44 |
| Bernricht | 114 | Etzelwang | 118, 120 |
| Betzenstein | 76 | Exkursionspfad | 108 |
| Binsenloch | 112 | Faberschloß | 28 |
| Birgland | 134 | Falkenberg | 64 |
| Bittenbrunn | 140 | Fechtershöhle | 68 |
| Bitterbach | 32 | Felsenländl | 105, 106 |
| Bitterbachschlucht | 18 | Fischbrunn | 116, 117 |
| Brändelberg | 70 | Förrenbach | 98 |
| Breitenstein | 105, 110, 111 | Forresmühle | 40, 41 |
| Brückkanal | 28 | Forsthaus Sackdilling | 108 |
| Brünnlesloch | 119 | Frankekamin | 118 |
| Buch | 44 | Frankenalb | 48 |
| Büchelberg | 130 | Fuchsau | 54 |
| Buchenberg | 134, 135 | Fürnried | 136 |
| Burg Hohenstein | 66, 78, 90 | Fürth | 46 |

| | |
|---|---|
| Galling | 54 |
| Gehrsricht | 128, 143 |
| Geiskammerschlucht | 98 |
| Geislochhöhle | 66 |
| Geißkirche | 61, 126 |
| Gerhardsberg | 120 |
| Glatzenstein | 24, 54, 56 |
| Gnadenberg | 40 |
| Gotthardberg | 48 |
| Gotzenberg | 94 |
| Großwiesenhof | 44 |
| Grünreuth | 68 |
| Grünsberg | 38 |
| Gumpenberg | 134 |
| Guntersrieth | 130, 131 |
| Günthersbühl | 18 |
| Gustav-Adolf-Höhle | 28 |
| Haghof | 127 |
| Haimendorf | 24, 25 |
| Hainkirche | 68 |
| Hallershof | 92 |
| Hammer | 16 |
| Hämmerlmühle | 106, 107 |
| Hammerschrott | 72, 73 |
| Hänsel und Gretel | 132 |
| Hansgörgl | 54, 55 |
| Happurg | 80 |
| Hartenfels | 126, 127 |
| Hartenstein | 68 |
| Hartmannshof | 130, 131 |
| Haslach | 136 |
| Haunritz | 132 |
| Hauseck | 118, 119 |
| Hausen | 140, 141 |
| Hausheim | 44 |
| Hedersdorf | 23 |
| Hegendorf | 117, 118 |
| Heidelberg | 30 |
| Heidenloch | 42, 43 |
| Heinzburg | 44 |
| Heinzhof | 140 |
| Hellberg | 130, 132 |
| Hermannsberg | 142, 143 |
| Hersbruck | 46, 48, 54, 58, 59, 90, 98, 136 |
| Heubelfelsen | 98, 99 |
| Heuchling | 21, 118 |
| Hinterhaslach | 82 |
| Hirschbach | 116, 117 |
| Hirschricht | 134, 135 |
| Hirschwald | 123 |
| Höflas | 20 |
| Högen | 130, 132 |
| Hohenstadt | 60, 108, 110, 112, 114, 116 |
| Hohenstein | 48, 58 |
| Hoher Fels | 132 |
| Hohler Fels | 80, 98 |
| Hohlleite | 62 |
| Hormersdorf | 54, 76 |
| Houbirg | 80, 98 |
| Hubmersberg | 78, 79 |
| Hunas | 130 |
| Illschwang | 123, 128, 129, 132 |
| Jungfernsprung | 82, 83 |
| Kainsbach | 82, 83 |
| Kalmusfelsen | 123 |
| Karlshöhe | 28 |
| Karstkundlicher Pfad | 70, 108 |
| Kastell | 118 |
| Kastl | 138 |
| Kersbach | 20, 56 |
| Kipfental | 66 |
| Kirchensittenbach | 58, 59 |
| Kirchtal | 136 |
| Kleedorf | 59 |
| Kloster Bergen | 46 |
| Klosterburg Kastl | 123 |
| Kohlbrücke | 31 |
| Königstein | 72, 108, 110, 111, 112 |
| Kreuzberg | 78, 79 |
| Kröhnhof | 92 |
| Krottensee | 70, 71, 72 |
| Kruppach | 92 |
| Kuckucksloch | 74 |
| Kuhfels | 126 |
| Kühfeste | 134 |
| Kühloch | 105, 110 |
| Kühnhofen | 54 |
| Langer Stein | 62 |
| Langenstein | 58 |
| Lauf | 14, 18, 19, 32 |
| Lauf/Heuchling | 20 |
| Lauterach | 123 |
| Lauterhofen | 134, 138, 139 |

| | | | |
|---|---|---|---|
| Lehendorf | 120, 121 | Osterhöhle | 118, 123, 126 |
| Lehenhammer | 120, 121 | Osterloch | 123, 128 |
| Leinburg | 30 | Osternohe | 22, 23, 32 |
| Leitenberg | 78 | Otzenberg | 94 |
| Leuzenberg | 57 | Pattershofen | 138, 139 |
| Lichtenegg | 105, 130, 132 | Pegnitz | 32, 48 |
| Lichtenstein | 48, 80 | Pegnitztal | 48 |
| Lockenricht | 126 | Peilstein | 126 |
| Lorenzer Wald | 37 | Pesensricht | 128, 129 |
| Ludwig-Donau-Main-Kanal | 28, 37, 40 | Petershöhle | 68 |
| | | Petz'sches Schloß | 28 |
| Ludwigshöhe | 18, 19 | Peuerling | 92 |
| Luke | 112, 113 | Pfaffenhof | 142 |
| Lungsdorf | 48, 66, 67 | Pfaffenhofen | 123, 138 |
| Malmsbach | 16 | Pilgramshof | 126 |
| Mantlach | 138 | Pinzigberg | 106 |
| Mauritius-Kapelle | 32 | Plech | 72, 75, 110, 112 |
| Maximiliansgrotte | 70, 71, 108 | Pollanden | 94 |
| Mennersberg | 138 | Pommelsbrunn | 48, 78, 79, 80, 118 |
| Michelfeld | 105, 106, 107 | | |
| Mirakelbrunnen | 61 | Poppberg | 96, 123, 136 |
| Moorgebiet | 28 | Poppenhof | 23 |
| Moritzberg | 24, 30, 32 | Postbauer-Heng | 44 |
| Mosenberg | 72, 73 | Prackenfels | 39 |
| Mosenhof | 82 | Prellstein | 116, 118, 119 |
| Mühlkoppe | 81 | Prethalmühle | 39, 40, 41 |
| Münzinghof | 66 | Prosberg | 92 |
| Mysteriengrotte | 70 | Pruihausen | 110, 111 |
| Nassau | 30 | Pürschläg | 142, 143 |
| Naturlehrpfad | 98 | Rabenfels | 72, 108 |
| Neuburg/Donau | 46 | Ranna | 72, 74 |
| Neuhaus | 48, 60, 70, 71, 72, 110, 112 | Rasch | 40 |
| | | Räuberloch | 55 |
| Neukirchen | 123, 126 | Reckenberg | 80 |
| Neumarkt | 138 | Rehberg | 71 |
| Neunkirchen a. S. | 20, 21 | Reichenbach | 106 |
| Neutras | 118, 119 | Reichenschwand | 56 |
| Noristörl | 118 | Reichertsfeld | 129 |
| Nürnberg | 12, 26, 37, 46, 124, 134 | Reitersteighöhle | 74, 75 |
| | | Reschenberg | 90 |
| Nuschelberg | 18 | Reuthof | 76 |
| Oberbürg | 16 | Riegelstein | 76 |
| Oberndorf | 56, 57 | Riffler Felsen | 61 |
| Oberreinbach | 114, 126 | Riglashof | 113 |
| Obersee | 82, 83, 90 | Röckenricht | 126 |
| Oedenberg | 18 | Roter Fels | 67 |
| Ohrenbach | 106 | Röthenbach | 30 |
| Ossinger | 113 | Röthenbachklamm | 30 |

| | |
|---|---|
| Rothenberg | 20, 24, 32, 56, 78 |
| Rotkreuz | 72 |
| Rückersdorf | 16, 17 |
| Ruine Lichtenstein | 78 |
| Rummelsberg | 38 |
| Rupprechtstegen | 48, 66, 67 |
| Rupprechtstein | 105, 120 |
| Sackdilling | 108, 109 |
| Schermshöhe | 76 |
| Schlangenfichte | 105, 116 |
| Schlawackenberg | 72 |
| Schlieraukapelle | 70, 71 |
| Schloßberg | 22 |
| Schnaittach | 20, 22, 23, 32 |
| Schnellersdorf | 114 |
| Schönberg | 24, 25 |
| Schöpfendorf | 128 |
| Schwandgraben | 80 |
| Schwarzachklamm | 28 |
| Schwarzenbach | 41 |
| Schwarzer Brand | 105, 116, 118 |
| Schwarzes Kreuz | 112 |
| Schwend | 123, 134, 135 |
| Schweppermannsburg | 138 |
| See | 98 |
| Siglitzberg | 58 |
| Sophienquelle | 39 |
| Spies | 76, 77 |
| St. Lampert | 138 |
| Starenfelshöhle | 119 |
| Staubershammer | 106, 107 |
| Stausee | 98 |
| Steierfels | 74 |
| Steinamwasser | 106, 107 |
| Steinbach | 113 |
| Steinberg | 110 |
| Steinerne Rinne | 42 |
| Steinerne Stadt | 108, 109 |
| Stockau | 140 |
| Stöckelsberg | 40 |
| Stöppach | 58 |
| Sulzbach | 108, 114 |
| Sulzbach-Rosenberg | 123, 124, 128, 134 |
| Teufelsfinger | 60 |
| Teufelskirche | 38 |
| Thalheim | 98, 99, 136 |
| Troßalter | 136 |
| Türkenfelsen | 132 |
| Ungelstetten | 30 |
| Unterhögen | 130, 132 |
| Ursensollen | 140, 142 |
| Velden | 66, 67, 68 |
| Veldensteiner Forst | 74 |
| Vogelherdgrotte | 72 |
| Vorra | 60, 62, 63, 64 |
| Wallensteinfestspiele | 26 |
| Waller | 94 |
| Wallersberg | 39 |
| Weigendorf | 118, 120, 126, 130, 132 |
| Weißenbrunn | 30, 42, 43 |
| Westhaid | 41 |
| Wettersberg | 94 |
| Willibaldstadel | 92 |
| Windburg | 78 |
| Windburgfels | 78 |
| Windloch | 96, 116 |
| Wirrenloch | 74 |
| Wirtshänge | 134 |
| Woffenricht | 129 |
| Wolfertsfeld | 136 |
| Wolfshöhe | 20 |
| Wolfsschlucht | 39 |
| Wörleinshof | 94 |
| Wurmrausch | 132 |
| Zant | 123, 140, 141 |
| Zantberg | 105, 112, 113 |
| Zellerbrunnen | 18 |

# Ortsregister Gasthöfe

| | |
|---|---|
| Alfalter/Vorra – *Stiegler* | 61 |
| Alfeld – *Blos* | 97 |
| Alfeld-Waller – *Brauner Hirsch* | 95 |
| Altdorf-Röthenbach – *Röthenbachklamm* | 31 |
| Altenthann – *Weißes Kreuz* | 39 |
| Ammerthal – *Ammerthaler Hof* | 143 |
| Bernheck – *Veldensteiner Forst* | 75 |
| Betzenstein – *Reuthof* | 77 |
| Birgland/Eckeltshof – *Ritter* | 137 |
| Brückkanal – *Waldschänke Brückkanal* | 29 |
| Buch – *Goldene Krone* | 45 |
| Burgthann – *Blaue Traube* | 41 |
| Deckersberg/Hersbruck – *Edelweißhütte* | 91 |
| Diepersdorf/Leinburg – *Distlerhof* | 31 |
| Dillberg – *Berghof* | 45 |
| Eckeltshof/Birgland – *Ritter* | 137 |
| Engelthal – *Grüner Baum* | 93 |
| Engelthal – *Weißes Lamm* | 93 |
| Entenberg/Leinburg – *Kreuzer* | 43 |
| Erlheim – *Erlhof* | 141 |
| Eschenfelden – *Roter Ochsen* | 113 |
| Etzelwang/Lehenhammer – *Volkerts Forellenhof* | 121 |
| Etzelwang/Rupprechtstein – *Burg Rupprechtstein* | 121 |
| Fuchsau – *Jagdhaus Fuchsau* | 55 |
| Grünreuth/Velden – *Grünreuther Schlößl* | 69 |
| Happurg a. See – *Ruff* | 81 |
| Hartenstein/Velden – *Goldenes Lamm* | 69 |
| Hartmannshof/Högen – *Sternwirt* | 131 |
| Haunritz/Weigendorf – *Alter Fritz* | 133 |
| Haunritz/Weigendorf – *Haunrat* | 133 |
| Hausen – *Alte Schmiede* | 141 |
| Hersbruck – *Roter Hahn* | 47 |
| Hersbruck – *Schwarzer Adler* | 47 |
| Hersbruck – *Glocke* | 91 |
| Hersbruck/Fuchsau – *Jagdhaus Fuchsau* | 55 |
| Heuchling/Lauf – *Linde* | 21 |
| Hirschbach – *Goldener Hirsch* | 117 |
| Hirschbach – *Hammerschloß* | 117 |
| Högen/Hartmannshof – *Sternwirt* | 131 |
| Hubmersberg – *Lindenhof* | 79 |
| Illschwang – *Weißes Roß* | 129 |
| Kainsbach – *Kainsbacher Mühle* | 83 |
| Kastl – *Forsthof* | 139 |
| Kirchensittenbach – *Post* | 59 |
| Kleedorf – *Altes Schloß* | 59 |

| | |
|---|---|
| Königstein – *Post* | 111 |
| Königstein/Pruihausen – *Jägerheim* | 111 |
| Lauf a. d. Pegnitz – *An der Mauermühle* | 15 |
| Lauf-Heuchling – *Linde* | 21 |
| Lauf-Oedenberg – *Schloß* | 19 |
| Lauf-Schönberg – *Rotes Roß* | 25 |
| Lauterhofen – *Neuwirt* | 139 |
| Lichtenegg/Hartmannshof – *Z. Alten Schloß-Wirt* | 131 |
| Lungsdorf – *Sonnenburg* | 67 |
| Michelfeld/Auerbach – *Schenk* | 107 |
| Mosenberg-Ranna – *Bahnhof* | 73 |
| Neuhaus – *Wolfsberg* | 71 |
| Neukirchen – *Post und Bahnhof* | 127 |
| Neutras/Etzelwang – *Neutrasfelsen* | 119 |
| Oedenberg/Lauf – *Schloß* | 19 |
| Osternohe – *Goldener Stern* | 23 |
| Osternohe-Schloßberg – *Igelwirt* | 23 |
| Pesensricht – *Reiff* | 129 |
| Poppberg/Birgland – *Müller/Schöne Aussicht* | 97 |
| Pommelsbrunn – *Vogel* | 81 |
| Postbauer-Heng/Buch – *Goldene Krone* | 45 |
| Postbauer-Heng/Dillberg – *Berghof* | 45 |
| Prosberg/Engelthal – Schöne Aussicht | 93 |
| Ranna/Mosenberg – *Bahnhof* | 73 |
| Reichenschwand – *Grüne Eiche* | 57 |
| Röckenricht – *Sperber* | 127 |
| Röthenbach – *Röthenbachklamm* | 31 |
| Rückersdorf – *Wilder Mann* | 17 |
| Rückersdorf – *Bergrestaurant Ludwigshöhe* | 19 |
| Rupprechtstein/Etzelwang – *Burg Rupprechtstein* | 121 |
| Sackdilling/Auerbach – *Forsthaus* | 109 |
| Schermshöhe-Betzenstein – *Schermshöhe/Berghof* | 77 |
| Schnaittach – *Kampfer* | 21 |
| Schönberg/Lauf – *Rotes Roß* | 25 |
| Schwarzenbruck – *Waldschänke Brückkanal* | 29 |
| Schwend – *Birgländer Hof* | 135 |
| Steinamwasser – *Mittler* | 107 |
| Sulzbach-Rosenberg – *Bayerischer Hof* | 125 |
| Thalheim – *Weißes Roß* | 99 |
| Velden – *Fischkutter/Eckartsberg* | 67 |
| Velden – *Krone* | 69 |
| Vorra – *Raum* | 61 |
| Vorra – *Goldene Krone* | 63 |
| Vorra – *Rotes Roß* | 65 |
| Vorra-Artelshofen – *Bechwirt* | 63 |
| Waller/Alfeld – *Brauner Hirsch* | 95 |
| Weißenbrunn – *Lindenhof* | 43 |

# Wandern und Einkehren

## Die neue Wanderbuchreihe für Genießer

Jeder Band ca. 152 Seiten mit vielen Farbfotos

### Herausgegeben von Georg Blitz und Emmerich Müller

|  |  |  |  |
|---|---|---|---|
| Band 1 | Remstal, Filstal, Schwäbischer Wald ... | ISBN 3-7956-0209-2 | DM 14,80 |
| Band 2 | Nordschwarzwald | ISBN 3-7956-0208-4 | DM 14,80 |
| Band 3 | Mittelschwarzwald | ISBN 3-87174-047-0 | DM 14,80 |
| Band 4 | Südschwarzwald | ISBN 3-87174-048-9 | DM 14,80 |
| Band 5 | Schwäbische Westalb | ISBN 3-7956-0206-8 | DM 14,80 |
| Band 6 | Schwäbische Ostalb | ISBN 3-7956-0207-6 | DM 14,80 |
| Band 7 | Pfälzer Wald | ISBN 3-7956-0214-9 | DM 14,80 |
| Band 8 | Bodensee, Oberschwaben | ISBN 3-87174-053-5 | DM 14,80 |
| Band 9 | Neckarland | ISBN 3-7956-0200-9 | DM 14,80 |
| Band 10 | Hohenlohe, Mainhardter Wald | ISBN 3-7956-0201-7 | DM 14,80 |
| Band 11 | Wer recht in Freuden wandern will | ISBN 3-87174-054-3 | DM 14,80 |
| Band 12 | Westallgäu, Oberallgäu | ISBN 3-7956-0202-5 | DM 14,80 |
| Band 13 | Frankenalb | ISBN 3-7956-0211-4 | DM 14,80 |
| Band 14 | Odenwald | ISBN 3-7956-0204-1 | DM 14,80 |
| Band 15 | Chiemgau, Chiemsee | ISBN 3-7956-0212-2 | DM 14,80 |

DREI BRUNNEN VERLAG GmbH & Co., Postf. 10 11 54, Friedhofstr. 11, 7000 Stuttgart 1
Telefon 07 11/25 76 0610, Telefax 07 11/25 76 2 17